W0177990

... rund ums Haus

Wolfgang H. Niemeyer

Schöne Gärten - einfach zu pflegen

Anregungen, Ideen, Entwürfe

Callwey

Dank

Für Unterstützung und Mithilfe beim Entstehen
des Buches möchte ich mich bei allen beteilig-
ten Kolleginnen und Kollegen sowie Gartenbe-
sitzern und Fotografen herzlich bedanken.
Besonderer Dank gilt auch Monika Höcherl,
Felix Kröber, Johanna Niemeyer, Petra Niemeyer, Claudia Schreiber und Roland Thomas
vom Callwey Verlag.

CIP-Titelaufnahme der Deutschen Bibliothek
Schöne Gärten - einfach zu pflegen:
Anregungen, Ideen, Entwürfe / Wolfgang H.
Niemeyer. - München: Callwey, 1990
ISBN 3-7667-0987-9
NE: Niemeyer, Wolfgang H. [Bearb.]

© 1990 by Verlag Georg D.W. Callwey,
München
Alle Rechte vorbehalten, auch die des
auszugsweisen Abdruckes, der photomecha-
nischen Wiedergabe und der Übersetzung.
Umschlagentwurf Baur+Belli Design,
München,
unter Verwendung einer Abbildung des
Gartens S. 80,81
Lithos   Fotolito Longo, Frangart/Bozen
Satz und Layout P. & P., Essenbach/Landshut
Druck Himmer, Augsburg
Bindung Ludwig Auer GmbH, Donauwörth
Printed in Germany
ISBN 3-7667-0987-9

INHALT

VORWORT 7

DER DICHTER UND DIE GARTENARBEIT 8

GESICHTSPUNKTE ZUR PLANUNG
UND ANLAGE EINES EINFACH ZU
PFLEGENDEN GARTENS 10

Pflegeintensiver und pflegeextensiver Garten 10
Hundert Quadratmeter pflegeintensiv - pflege-
extensiv 10
Ästhetik im Garten 14
Pflegeintensive und pflegeextensive Bereiche
in einem 8000m^2 großen Garten 15
Pflegevereinfachung ohne Verlust von Garten-
kultur 19
Variationen über einen pflegeextensiven Vor-
garten 24

ZWÖLF EINFACHE GARTENENTWÜRFE
FÜR EIN STÜCK LAND 29

Obstgarten 30
Wassergarten 31
Axialer Garten 32
Bambusgarten 33
Topfgarten 34
Garten mit alten Bäumen 35
Rankgarten 36
Heckengarten 37
Rasen-Wiesen-Garten 38
Pflastergarten - Gartenhof 39
Garten für Kinder 40
Verwilderter Garten 41

ANREGUNGEN UND IDEEN ZUR
PFLEGEERLEICHTERUNG 42

Anpassung des Gartenentwurfes an die
spezifische landschaftliche oder städtische
Situation 42
Bewährte Pflanzenarten der extensiven Dach-
begrünung 47
Richtiges Verhältnis von Belags-, Rasen- und
Pflanzflächen 48
Beispiele von Pflanzungen ohne anspruchs-
volle Pflege 52
Pflegeeinfache Pflanzungen - das ganze Jahr
hindurch 53
Schling- und Kletterpflanzen 57
Einfache Pflegedetails in Stichworten 60

GARTENBEISPIELE 69 Gartenteile als Raumerlebnis 70
Einfach kompliziert 74
Gartenhof in der Stadt 78
Gestaltetes Oval im rechteckigen Garten 80
Gartenwelt und Lebensphilosophie 82
Ein Garten in ländlicher Umgebung 86
Ökologische Romantik - ein Garten zwischen geplant und verwildert 90
Garten und Landschaft 96
Einladender Vorgarten in Ratzeburg 100
Ein japanischer Garten in München 102
Garten auf einer Tiefgarage 106
Lebendiger Garten in mehreren Ebenen 110
Ein Garten in luftiger Höhe 112
Atriumgarten mit Wandbrunnen 116
Terrasse im Garten - Garten in der Terrasse 118
Der einfache Reihenhausgarten 120
Rasenteppich als Gartenmitte 122
Bürogarten mit Pflanztreppe 124
Gartenplätze rund ums Haus 128
Kein Garten für den Rasenmäher 132
Der pflegeeinfache Garten »par excellence« 136
Ein großer Garten einfach gestaltet 138
Altstadtgarten in Hildesheim 144
Ein Garten um die Jahrhundertwende - neu gestaltet 146
Haus und Garten als Einheit 148
Weniger ist mehr 152
Wasser - Wiese - Wärme 154

ANHANG 158 Literaturhinweis 158
Bildnachweis 158
Verzeichnis der Garten- und Landschaftsarchitekten 159
Aufstellung der Pflanzennamen 160

VORWORT

Einen Garten ohne Pflege gibt es nicht. Vergleichbar mit den Pflege- und Erhaltungsmaßnahmen in einem Haus oder einer Wohnung bedarf auch der Garten einer steten Obhut und im Idealfall einer schöpferischen Betreuung.

Da es sich beim Garten, im Gegensatz zu dem eher statischen Haus, um ein bewegliches Gebilde handelt, das entsteht, in der Ursprungsform aber nicht bestehen bleibt, sich entwickelt, wächst und oft erst nach Jahrzehnten zu einem reifen Endprodukt wird, ist die Pflege im Garten erfahrungsgemäß schwieriger und umfangreicher als im Haus. Aufgrund dieser Tatsache schrecken manche Menschen vor der Beschäftigung mit dem Garten zurück. Anderen wiederum ist der Garten ein einziges Lebenselixier.
Der Wunschtraum des »pflegeleichten Gartens« geistert immer wieder in den Köpfen der entweder unerfahrenen oder auf anderem Gebiet allzu beschäftigten und ausgelasteten Menschen herum. Aber den »pflegeleichten Garten«, der meist als Garten ohne Arbeit, mit größtmöglichem Nutzen verstanden wird, gibt es nicht:
- Eine Rasenfläche für Spiel, Sport und Erholung muß regelmäßig gemäht werden.
- Eine Wiese zum Blumenpflücken oder nur zum Betrachten und Entspannen bedarf der ein- oder zweimaligen Mahd im Jahr.
- Bäume und Sträucher benötigen gelegentlich einen Gehölzschnitt zur besseren Entwicklung oder zur Wiederherstellung verlorengegangener Blickbezüge.
- Die den Garten vielfältig bereichernden Stauden bedürfen einer intensiven Pflege über das ganze Jahr hinweg; auch Wildstaudenpflanzungen mögen gepflegt sein.
- Ein Teich im Garten muß von Schlammrückständen oder Algen befreit werden.

- Wildkräuter (»Unkraut«) in Kiesflächen müssen beseitigt werden...
Dennoch ist im Vergleich zu aufwendigen, sehr pflegeintensiven Gartenanlagen der »einfache Garten« als Garten mit künstlerisch-gestalterischem Anspruch, aber ohne eine den Gartenbenutzer täglich belastende Pflege durchaus vorstellbar:
- Um einen interessanten Garten zu gestalten, müssen nicht alle verfügbaren Gartenelemente gleichzeitig im Garten vertreten sein. Die Fülle der Einzelelemente bringt nämlich auch eine Fülle von unterschiedlichen Pflegearbeiten mit sich.
- Die Anpassung des Gartenentwurfes an die jeweilige landschaftliche oder städtische Situation ist entscheidend.
- Auswahl und Art der Materialien im Garten sowie die richtigen Pflanzengesellschaften tragen zum Entstehen eines einfachen Gartens bei.
- Auch das Verhältnis von Größe und Lage der Platz-, Wege-, Rasen- und Pflanzflächen zueinander ist von Bedeutung.

Die Gartenbeispiele in diesem Buch sollen eine Anregung für jenen Gartenbenutzer darstellen, der sich nicht ausschließlich der Beschäftigung mit dem Garten hingeben will, der neben der Freude am Garten oder Repräsentation im Garten auch anderen Interessen und Verpflichtungen nachgehen, aber keinesfalls auf einen Garten verzichten möchte.
Trotz des Versuches, dem Leser einfache Gärten, bzw. Gärten ohne übermäßigen Pflegeaufwand zu präsentieren, kann aus fachlicher Sicht die Pflege nicht völlig ausgeschlossen werden.
Die Freude und Lust am Geschehen und an der Pflege und Entwicklung eines Gartens ist Grundbedingung für jeden, der sich einen Garten anlegt oder anlegen läßt.

DER DICHTER UND DIE GARTENARBEIT

Literarischer Ratschlag zur Bestellung und Pflege eines Gartens

»Willst Du eine Stunde glücklich sein,
dann betrinke Dich!
Willst Du drei Tage glücklich sein,
dann heirate!
Willst Du eine Woche glücklich sein,
dann schlachte ein Schwein!
Willst Du ein Leben lang glücklich sein,
dann werde Gärtner!«[1]

So sehr der chinesische Spruch vielleicht für den begeisterten Gärtner gilt, so wenig wird er denjenigen überzeugen, der Angst hat vor der Verpflichtung, zu bestimmten Zeiten nicht verreisen oder anderen Freizeitinteressen nachgehen zu können, da die Gartenarbeit wieder einmal ruft.

Allzu verständlich ist es auch, wenn die Beschreibung der »Anatomie des Gärtners« von Karel Capek, 1933, den bisher nicht gärtnernden Stadtmenschen davon abhält, zum fanatischen Gartenpfleger zu werden:

»Der Gärtner-Mensch ist ein Produkt der Kultur und keinesfalls einer natürlichen Entwicklung. Wäre er nämlich von Natur aus entstanden, sähe er anders aus; vor allem hätte er Beine wie Käfer, um nicht hocken zu müssen, und besäße Flügel, einerseits der Schönheit wegen, andererseits, um über seinen Beeten schweben zu können. Wer es nicht erlebt hat, ahnt nicht, wie die Beine dem Menschen hinderlich sein können, wenn er nicht weiß, wo er sie hinstellen soll, wie überflüssig lang sie sind, wenn man sie unter sich zusammenlegen muß, wie unmöglich kurz sie sind, wenn man das andere Ende des Beetes erreichen will, ohne dabei auf das Pölsterchen des Mutterkrauts oder einer aufknospenden Akelei zu steigen. Da möchte man am liebsten an einem Riemen angeschnallt sein und sich über den Kulturen hin und her bewegen können, oder wenigstens vier Hände haben und darauf einen Kopf mit einer Mütze und sonst nichts; oder Gliedmaßen, ähnlich einem photographischen Stativ.

Da jedoch der Gärtner äußerlich ebenso unvollkommen erschaffen ist wie ihr andern, bleibt ihm nichts anderes übrig, als zu zeigen, was er kann: auf der Spitze eines Fußes balancieren, wie eine zaristische Balletteuse schweben, die Beine vier Meter weit grätschen, leicht wie ein Schmetterling oder eine Bachstelze den Boden berühren, auf einem Quadratzoll Platz haben, allen Gesetzen von den geneigten Körpern zum Trotz das Gleichgewicht erhalten, alles erreichen und allem ausweichen und zu alledem noch bemüht sein, eine gewisse Würde zu wahren, damit ihn die Leute nicht auslachen. Allerdings bei einem flüchtigen Blick aus der Ferne seht ihr vom Gärtner nichts als das Hinterteil; alles übrige, wie Kopf, die Hände und die Beine, befinden sich einfach unter ihm.«[2]

2 Gartenarbeit - gesehen
und gezeichnet von Ernst
Stern, um 1925.

Sicher ist mit einem Garten Arbeit verbunden. Die Frage heißt lediglich: wieviel Arbeit? Diese Tatsache steht in engem Zusammenhang mit der Einstellung des Gartenbesitzers und seinem Objekt. Denn sowohl mit viel Pflege als auch mit wenig Pflege können eindrucksvolle Gärten ganz unterschiedlichen Charakters entstehen. So soll eher Rückerts Gedicht allen denen Mut machen, die einen eigenen Garten bisher ablehnen, um der Verpflichtung der Erhaltung und Pflege eines solchen Stück Landes aus dem Wege zu gehen:

»Ich zog eine Winde am Zaun,
und was sich nicht wollte winden
von Ranken nach meiner Laune,
begann ich dann anzubinden
und dachte, für meine Mühen
sollt es nun fröhlich blühen.
Doch bald hab ich gefunden,
daß ich umsonst mich mühte,
nicht, was ich angebunden,
war, was am schönsten blühte,
sondern was ich ließ ranken
nach seinen eignen Gedanken.«[3]

So viel Pflege der Mensch in seinen Garten steckt, so unterschiedlich kann das Ergebnis sein: der eine schafft blühende Gärten mit vielfältigen Stauden und Sommerblumen, der andere eine Koniferenwelt auf glatt gemähtem Rasen mit sauberem Bordstein- und Jägerzaunabschluß zum Nachbargarten.

Insofern ist es gar nicht immer ratsam, unentwegt im Garten zu wirken; manches verlangt danach, einfach wachsen zu dürfen. So hoch die Kunst der Gartenpflege und die Entscheidung zum stets richtigen Tun ist, so kann aber auch dem Nichtstun nach Hugo von Hofmannsthal, 1928, etwas Positives abgewonnen werden:

»Der seelenloseste Garten braucht nur zu verwildern, um sich zu beseelen.«[4]

GESICHTSPUNKTE ZUR PLANUNG UND ANLAGE EINES EINFACH ZU PFLEGENDEN GARTENS

Um das hochgesteckte Ziel eines Gartens ohne aufwendige Pflege zu erreichen, bedarf es einer äußerst sorgfältigen Planung. Zahlreiche Grundbedingungen und Aspekte sind dabei zu berücksichtigen.

PFLEGEINTENSIVER UND PFLEGEEXTENSIVER GARTEN

Beim Vergleich pflegeintensiver und pflegeextensiver Gartentypen ist die Gartengröße entscheidend.

Ein kleiner Garten (Atriumhof, Reihenhausgarten, Dachterrasse) kann pflegeextensiv oder -intensiv sein, je nach Lust und Leidenschaft des Gartenbesitzers.

Ein großer Garten von 2000 m² und mehr Grundfläche wird immer in Teilbereichen pflegeintensiv, in anderen, meist größeren Bereichen pflegeextensiv sein, da die Arbeiten zur Perfektion eines jeden Gartenwinkels vom Pfleger gar nicht geschafft werden. Eine Ausnahme bilden besondere Gartenanwesen, die mit entsprechendem Pflegepersonal das ganze Jahr hindurch auf dem bestmöglichen Pflegezustand gehalten werden.

Der Gartenbesitzer bestimmt also selbst, wieviel Zeit und Mühe er in seinen Garten stecken will und kann.

Ein Landschaftsarchitekt kann ihm hierzu verschiedene Wege aufzeigen und das entsprechende Gestaltungskonzept mit ihm und für ihn finden.

HUNDERT QUADRATMETER PFLEGEINTENSIV - PFLEGEEXTENSIV

Die Gegenüberstellung eines pflegeintensiven und eines pflegeextensiven Gartens gleicher Größe zeigt, welche Pflegegänge über ein Jahr hinweg erforderlich sind, welche Schönheiten jeder Garten für sich aber auch bietet:

MONAT[5]	BAUERNGARTEN (PFLEGEINTENSIV - ABBILDUNG S. 12)	ATRIUMHOF (PFLEGEEXTENSIV - ABBILDUNG S. 13)
März - April	Winterschutz (Laub, Deckreisig) entfernen	
	Frühaustreibende Stauden vor Nachtfrösten schützen	
	Gräser zurückschneiden, welkes Laub entfernen	Gräser zurückschneiden
	Unkraut entfernen und Boden lockern	Unkraut entfernen (durch geschlossene Pflanzendecke nicht so oft wie bei Beetstauden erforderlich)
April - Mai	Restliches Deckmaterial beseitigen und Unkraut entfernen	
	Boden lockern und mulchen, düngen	Boden lockern
	Bei Frühjahrstrockenheit wässern	
Mai - Juni	Abgewelktes Laub und Samenstände der Vorfrühlingsblüher ausschneiden, soweit Aussaat nicht erwünscht	
	Boden lockern und von Unkraut freihalten	
Juni - Juli	Abgewelkte Blüten- und Samenstände der Frühlingsblüher entfernen (Zwiebelgewächse einziehen lassen)	
	Windgefährdete Stauden rechtzeitig anstäben	
	Laufende Bodenpflege	
Juli - August	Welkende Blüten laufend ausschneiden	
	Im Herbst nachblühfähige Stauden (z.B. Rittersporn) zurückschneiden	
	Stäbe zur Windresistenz ergänzen und bei zurückgeschnittenen Stauden entfernen	
	Bodenpflege und Wässern	Wässern
August - September	Sommerblüher aus- bzw. zurückschneiden	
	Herbststauden stäben, sonstige Stäbe entfernen Bodenpflege und Wässern	
	Unkraut entfernen (keine Düngung mehr!)	
September - Oktober	Sommerstauden laufend zurückschneiden	
	Blüten der Herbststauden auskneifen, um nachkommende Seitentriebe zum Blühen anzuregen	
	Unkrautpflege und Wässern weniger erforderlich	
	Evtl. Schutzmaßnahmen gegen Nachtfröste	
Oktober - November	Spätsommer-, Herbststauden abschneiden	Laub der Gehölze aus Kies- und Pflanzflächen entfernen
	Schutz vor Nachtfrösten	
November - Dezember	Alles vergilbte Kraut bis zum Boden herabschneiden (mit Ausnahme von Gräsern und Stauden mit wintergrünen Blattrosetten)	
	Boden mit Grasgabel zwischen den Pflanzen lockern	
	Komposterde auftragen, Bodenverbesserung	
	Wässern vor dem Winter	
	Winterschutzmaßnahmen. Zusätzlich zu der jährlich intensiven Beetstaudenpflege sind Buchsrabatten und -kugeln sauber zu schneiden	Gelegentlich Kiesflächen neu aufkiesen
	Gelegentlich werden Wegesanierung und Zaunreparaturen erforderlich	

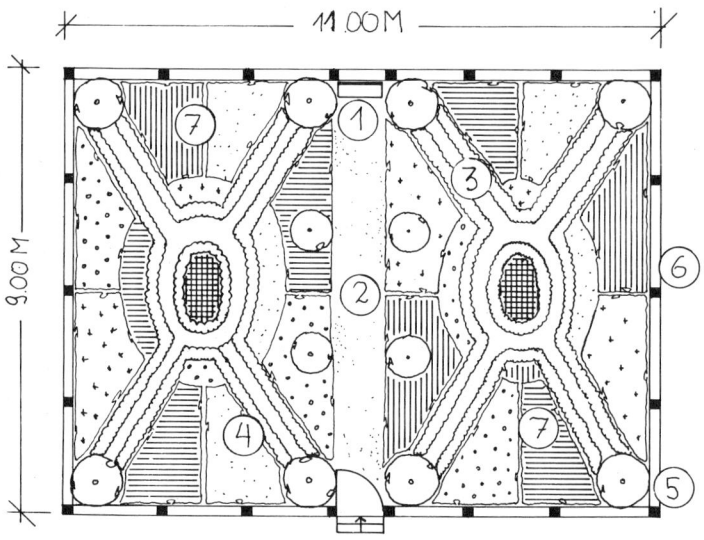

1 HOLZBANK
2 KIESWEG
3 RINDENMULCHWEG
4 BUCHSRABATTE
5 BUCHSKUGEL
6 HOLZLATTENZAUN
7 STAUDEN/SOMMER-
BLUMEN/ZWIEBELN/
ROSEN

4 Geschnittene Buchsra-
batten, Beetstauden und
Kieswege verlangen nach
intensiver Pflege.

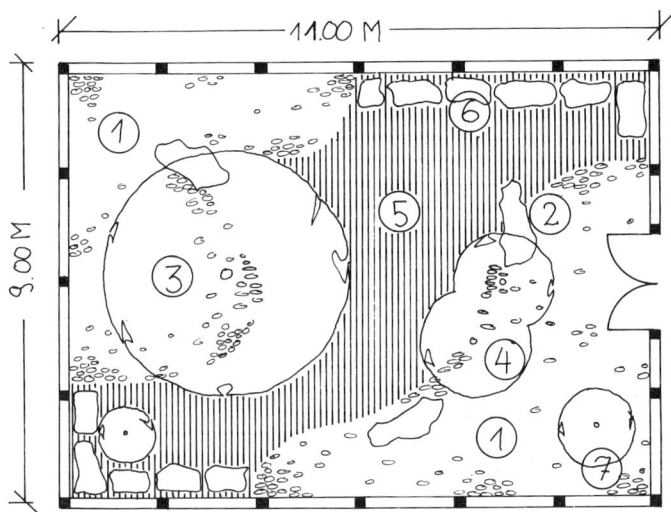

1 KIESELSTEINE
2 FINDLING
3 ROBINIE
4 BAMBUS
5 BODENDECKENDE STAU-
DEN, GRÄSER, FARNE ...
6 NATURSTEINTRITTPLATTEN
7 KLEINGEHÖLZ MIT
BLÜHEFFEKT

*6 Bambus, Findlinge und
Schotterflächen fügen sich
zu einem ausgewogenen,
pflegeeinfachen Ensemble.*

ÄSTHETIK IM GARTEN

BAUERNGARTEN (ABBILDUNG S. 12)	ATRIUMHOF (ABBILDUNG S. 13)
Pflanzenvielfalt und Blütenpracht, bunter Garten	Garten verschiedener Grüntöne
Fröhlicher Garten	Stiller Garten, Meditationsgarten
Gestaltung mit vorwiegend Pflanzen	Gestaltung mit Pflanzen, Findlingen, Kieseln und Trittplatten
Strenge Form durch Buchsrabatten	Geschwungene, ineinander fließende Formen

Der Vergleich der Gartentypen »Bauerngarten« und »Atriumhof« macht deutlich, daß die Pflege bei ersterem einen wesentlich höheren Aufwand bedeutet.

Die Fülle der unterschiedlichen Pflanzenbedürfnisse verlangt ein jeweils spezifisches Eingehen des Pflegers auf einzelne Stauden oder Gehölze. So funktioniert der traditionelle Bauerngarten in dörflicher Umgebung heute nur noch, wenn die Bäuerin das von ihren Vorfahren überlieferte Detailwissen über richtige Pflanzenzusammenstellung und -pflege in der Praxis fortsetzt.

Der Atriumhof ist sehr viel einfacher von der Gestaltung: Kiesflächen, Findlinge und Natursteinplatten gliedern den Garten. Die bodendeckenden Stauden, Gräser, Farne und Moose sind kleinflächiger angelegt. Sauber zu beschneidende Buchsrabatten oder -kugeln entfallen. Der Bambus und die lichtkronige Robinie haben hohen Zierwert bei nahezu keiner Pflege.

Es kommt also sehr auf die Gestaltung eines Gartens an, ob er pflegeaufwendig oder pflegeleicht ist.

7 Beim reifen Garten ragen die Bäume über das Hausdach. Vor der eingewachsenen Tuffsteinmauer voller Eidechsen im Sommer erstreckt sich die Wiese mit einer Vielzahl von Schmetterlingen und Insekten.

PFLEGEINTENSIVE UND PFLEGEEXTENSIVE BEREICHE IN EINEM 8000 m² GROSSEN GARTEN

An einem großen Garten von ca. 8000 m² Fläche sollen schemahaft das Verhältnis zwischen pflegeextensiven und pflegeintensiven Bereichen dargestellt und die entsprechend erforderlichen Pflegearbeiten aufgezeigt werden. Zugleich soll die Bedeutung der kreativen Pflege in einem reifen Garten vor Augen geführt werden.

Flächenbilanz:

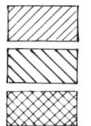

Pflegeextensiv	7.100 m²
Pflegeintensiv	350 m²
Besonders pflegeintensiv	550 m²
Gesamtgartenfläche	8.000 m²
(Plan S. 21 oben)	

8 Von Echtem Wein
berankter Abend-Sitzplatz.

Der Garten, der Anfang des 20. Jahrhunderts angelegt wurde, hat sich im Laufe der Jahrzehnte zu einem »reifen Garten« entwickelt. Die Pflege in einem »reifen Garten« ist ganz anders als die Pflege in einem neu angelegten Garten.

Der junge Garten verlangt nach einem Pfleger, der behutsam darauf achtet, daß alles neu Gepflanzte anwächst, sich entwickelt und schließlich zu einem »reifen Garten« wird.

Der alt eingewachsene Garten bedarf der kreativen Pflege. Es ist ein Zustand erreicht, den es zu erhalten, aber auch schöpferisch zu fördern gilt. Auslichtungen von Gehölzbeständen sind vorzunehmen, und Weiden müssen auf Stock gesetzt werden, um Weite und Großzügigkeit zu erreichen.

Bäume sind gelegentlich zu fällen, wenn sie gewünschte Blickrichtungen oder -achsen verstellen. Bevor die Säge am Baumstamm angesetzt wird, ist jedoch genau zu prüfen, in welchem Verhältnis Erscheinungsbild und Gesundheitszustand des Baumes zu dem späteren Nutzen ohne Baum stehen.

Im »reifen Garten« können aber auch ganz andere Pflanzen gedeihen als im »jungen Garten«. Der im Laufe von Jahren gewachsene Boden spielt hierbei im Gegensatz zur frischen Humisierung bei Neubauten eine entscheidende Rolle. Farne z.B. benötigen nicht nur Schatten, sondern auch die von Bäumen fallenden Blätter als Mulche.

»Nicht zu ersetzen ist aber das zum guten Gedeihen nötige Kleinklima mit ausgeglichenen Temperaturen und erhöhter Luftfeuchtigkeit, durch die sich ältere, ›reife‹ Gartenanlagen auszeichnen.«[6]

In einem reifen Garten darf manches stehenbleiben, wenn es auch wuchert oder sich selbst angesiedelt hat. Es kommt darauf an, wie der kreative Pfleger entscheidet. Eine inmitten einer Treppe jährlich erscheinende Distel, die nie an der Stelle gepflanzt wurde, ist in ihrer stets wiederkehrenden Schönheit aus dem Garten nicht mehr wegzudenken.

Will man den Garten bereichern, so kann z.B. eine Sterndolde zur Vervollkommnung einer Waldmeister-Farn-Waldhainsimsengesellschaft gepflanzt werden. Entdeckt der stolze Gartenbesitzer einen Türkenbund in einem naturnahen Bereich seines Anwesens, so kann er davon ausgehen, daß sein Garten einen entsprechenden Reifezustand erlangt hat. Die Freude der Gartenpflege beginnt oft erst bei reifen Anlagen:

Alte Obstbäume, die nicht mehr ausreichend Früchte tragen, müssen nicht gefällt werden, sondern können mit Rosen, Hopfen oder Waldrebe berankt werden.

Über das Maß hinausgewachsenen Hecken kann man neue Formen geben und sie durch gärtnerisch-bildhauerischen Schnitt künstlerisch gestalten.

Ebenso können im Wechsel von öfter gemähten Rasen- und weniger oft gemähten Wiesenflächen reizvolle Gartenlandschaften entstehen. Wiesenstücke mit Margeriten, Rotklee, Glockenblume und Akelei bleiben im kurz geschorenen Rasen stehen. Frei erfundene und jährlich wechselnde Rasen- und Wiesenformen sind das Ergebnis der »gestalterischen Lust des Mähens«.[7]

*9 Labyrinth als Mähstruk-
tur innerhalb der Wiese.*

Von den Arten, die im Lebensbereich des reifen Gartens wachsen, seien nur einige genannt:

Actaea alba - Christophskraut
Arum italicum - Aronstab
Zahlreiche Gräser und Farne
Asperula odorata - Waldmeister
Convallaria majalis - Maiglöckchen
Corydalis cava und solida - Lerchensporn
Lilium martagon - Türkenbund
Polygonatum multiflorum - Salomonssiegel
Vinca minor - Immergrün

Wer sich intensiver mit Stauden in »reifen Gärten« und deren Pflege auseinandersetzen
möchte, sei auf das Standardwerk von Hansen
und Stahl, »Die Stauden und ihre Lebensbereiche in Gärten und Grünanlagen«, verwiesen.[8]

PFLEGEVEREINFACHUNG OHNE VERLUST VON GARTENKULTUR

Mit zunehmender Reifeentwicklung eines Gartens wird auch der Besitzer älter, bis der Zeitpunkt kommt, daß intensive Gartenbereiche nicht mehr in vollem Umfang gepflegt werden können. Gedanken über Pflegevereinfachung werden angestellt, wobei durch Einsparung und Auflösung pflegeintensiver Bereiche nicht die Qualität und Schönheit der bisher geschaffenen Gartenkultur verlorengehen dürfen.

Auch Maßnahmen zur Pflegevereinfachung müssen individuell auf den jeweiligen Garten abgestimmt und weitsichtig überlegt sein. Der Landschaftsarchitekt kann hierzu auf Grund seiner Erfahrung im Rahmen eines Entwicklungs- und Pflegekonzeptes, beruhend auf einer genauen Bestandsaufnahme und Bewertung, fachmännischen Rat bieten.

Am gleichen Gartenbeispiel wird in Form von Plan und Kurztext gezeigt, wie Pflegearbeiten eingeschränkt werden können und sich die Quadratmeterwerte im Rahmen der vergleichenden Flächenbilanz zum Positiven hin verändern.

Flächenbilanz nach Pflegevereinfachung:

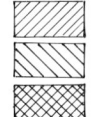

Pflegeextensiv	7500 m²
Pflegeintensiv	400 m²
Besonders pflegeintensiv	100 m²

Gesamtgartenfläche   8000 m²
(Plan S. 21 unten)

10 Gartenweg entlang der Holzlege - oft reicht ein Trampelpfad statt eines aufwendigen Bodenbelages aus.

11 Pflegeextensive und pflegeintensive Bereiche in einem großen Garten, Legende S. 20.

12 Pflegevereinfachung in einem großen Garten, Legende S. 22.

TITEL	FUNKTION	PFLEGE
1. Hainbuchenhecke	Räumlicher Abschluß zur Straße	Einmal jährlich schneiden
2. Freiwachsende Fliederhecke	Nachbargrenze	
3. Birken-, Buchenwäldchen mit geschlossener Bodendecke (Immergrün, Waldmeister)	Sichtschutz	
4. Naturnahe Gehölzpflanzung	Bereicherung der Landschaft	
5. Kiesbelag	Einfahrt, Eingang	Alle zehn Jahre aufkiesen, zwischendurch seitlich einwachsende Gräser übermähen
6. Obstwiese	Ernte, Selbstversorgung	Zweimal jährlich mähen, Erntearbeit und Obstbaumpflege
7. Hausnahe Gehölzpflanzung	Ziergrün mit landschaftlichem Bezug	Gelegentliches Auslichten und alle zwei Jahre Rückschnitt
8. Bauerngarten	Vielfältige Pflanzen zu Zierde und Schmuck	Bodenpflege und Rückschnitt, jährliche Neupflanzung von Sommerblumen, Unkraut entfernen, Buchsrabatten schneiden, Rindenmulchwege erneuern und Kiesweg jäten, evtl. biologische Schädlingsbekämpfung
9. Plattenweg mit seitlich bodendeckender Bepflanzung	Gartenpfad	
10. Brunnenplatz mit Klinkerpflaster	Zierbrunnen	
11. Sitzplatz unter Laube	Aufenthalt im Garten	Siehe »Bauerngarten«,Nr. 8. Zusätzlich: Pflege der Kletterpflanzen inkl. Schneiden der Weinreben (auch rings um das Haus erforderlich)
12. Gemüsegarten	Ernte, Selbstversorgung	Siehe »Bauerngarten«,Nr. 8. Zusätzlich: Gemüse- und Beerenpflege, Komposthaltung
13. Rasen	Belastbarer Bereich	Alle zwei Wochen mähen
14. Stauden- und Buchsrabatte entlang der Mauer	Abgrenzung der Terrasse	Siehe »Bauerngarten«, Punkt 8. Ausnahme: extensive Mauerpolster
15. Naturnahes Weiden-, Schilfgebüsch	Natürliche Uferzonierung	Alle acht Jahre Auslichten der Weiden
16. Wäldchen	Schutz vor Nordwinden	
17. Birkengruppe mit geschlossener Bodendecke: Schneeglöckchen, Narzissen- und Storchschnabel-Arten.	Ursprünglich Sitzplatz, heute: Ökoecke	
18. Wiese	Hang zum See, Weite	Alle vier Wochen mähen (dazwischen Gestaltung durch kürzer und höher gemähte Bereiche)

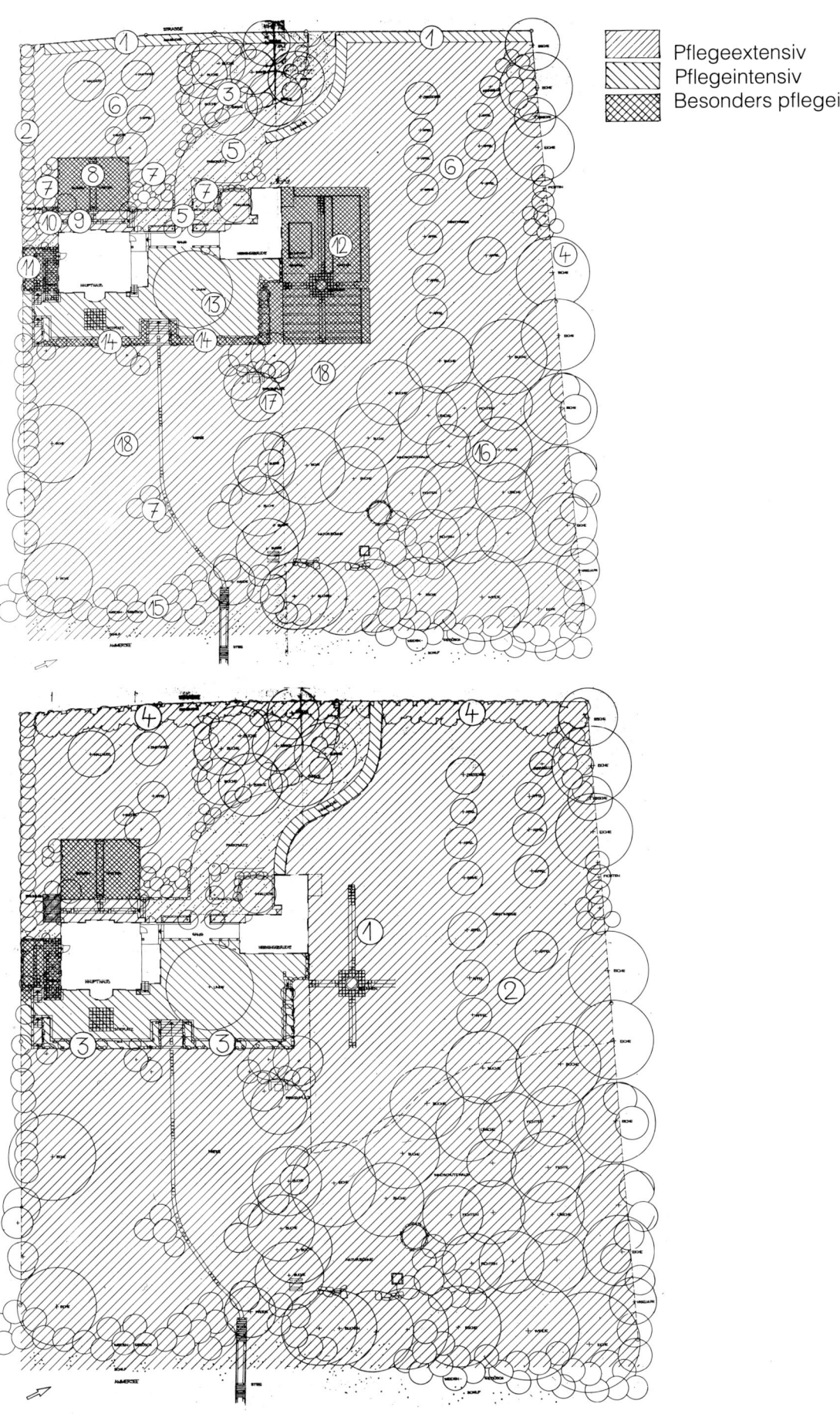

Pflegeextensiv
Pflegeintensiv
Besonders pflegeintensiv

MASSNAHMEN

1. AUFLÖSEN DES GEMÜSEGARTENS

   Kräuter, Salate und einzelne Beerensträucher werden im Bauerngarten integriert

   Wegeachse mit Brunnen als Mittelpunkt und Rankbögen an den Endpunkten der Achsen bleiben aus historischem Interesse bestehen

2. BEWEIDUNG DER OBSTWIESE

   Nutzung als Weidefläche durch Landwirt, der die Nachbarwiese bereits in Pacht hat

   Weidezaun in vorhandenen Gehölzbestand unauffällig integrieren

3. AUFLÖSUNG DER STAUDEN- UND SOMMERBLUMENBEPFLANZUNG AUF DER MAUER

   Ausschließlich breite geschnittene Buchsrabatten mit Polsterstauden in der Trockenmauer

4. FREIWACHSENDE GEHÖLZPFLANZUNG STATT GESCHNITTENER HECKE
   (Plan S. 21 unten)

PFLEGEREDUZIERUNG

Flächenmäßig erhebliche Einsparung von Gartenarbeiten intensivster Pflege

Einsparung von Mäharbeiten (ca. halbe Rasen-Wiesenfläche)

Einsparung von monatlichen Staudenpflegearbeiten

Einmal jährlich Buchsschneidearbeiten bleiben bestehen

Einsparung von Heckenschneidearbeiten

13   Im Laufe der Jahre eingewachsene und bemooste Tuffsteintreppe - rechts im Bild das polsterbildende Hornkraut.

14 Sitzplatz unter der Linde. Das zum Stil des Hauses passend entworfene Kiesparterre wurde in den 60er Jahren in Rasen umgewandelt, um das pflegeintensive Unkrautjäten zugunsten eines pflegeeinfacheren Rasenmähens einstellen zu können.

VARIATIONEN ÜBER EINEN PFLEGEEXTENSIVEN VORGARTEN

Für einen ca. 120 m² großen Vorgarten werden mehrere Gestaltungsvarianten aufgezeigt. Das unterschiedliche Entwurfskonzept ist aber durch geschlossene Pflasterflächen und bodendeckende Bepflanzung in allen Fällen sehr pflegeeinfach.

Von den dem Bauherrn vom Landschaftsarchitekten vorgeschlagenen Alternativen wurde der Vorschlag mit halbrunder Treppenanlage aus Naturstein ausgeführt.

Im Frühjahr zieren Tulpen den Vorgarten. Im Sommer sorgen Sonnenhut und die Strauchrose »Lichterloh« für blühende Höhepunkte. Ganzjährig bilden Efeu und Immergrün eine geschlossene Bodendecke. Der Wilde Wein und die Kletterrose »Gruß an Heidelberg« beleben die straßenseitige Hausfassade.

Ein lebendiger und einladender Hauseingang ohne außerordentliche Pflege ist entstanden.

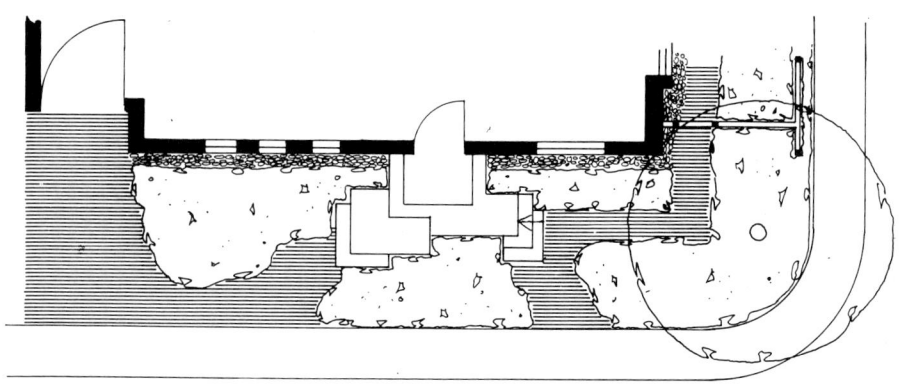

15   Variation 1: Treppenpodeste statt Einzelstufen.

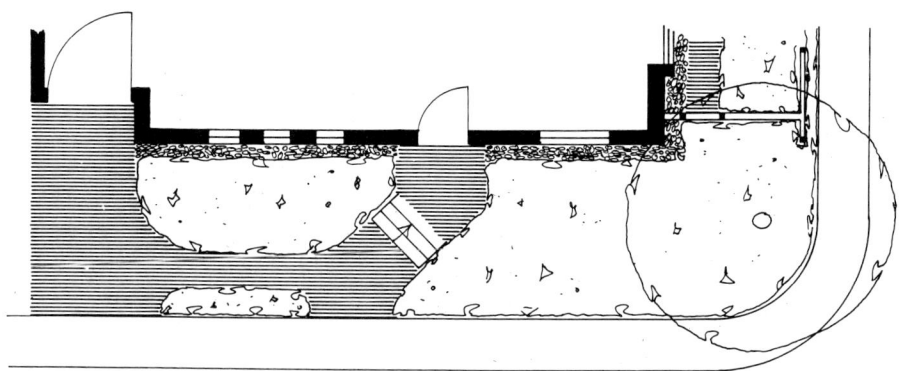

16   Variation 2: Seitlicher Hauszugang aus einer Richtung mit großen, zusammenhängenden Pflanzflächen.

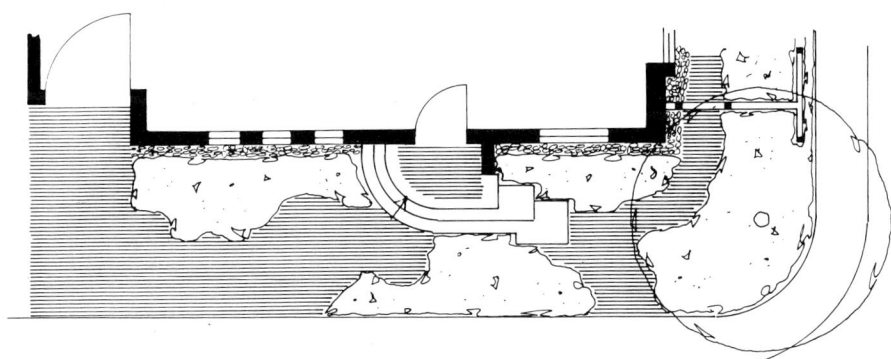

17 Variation 3: Kombination von runden und eckigen Treppenformen.

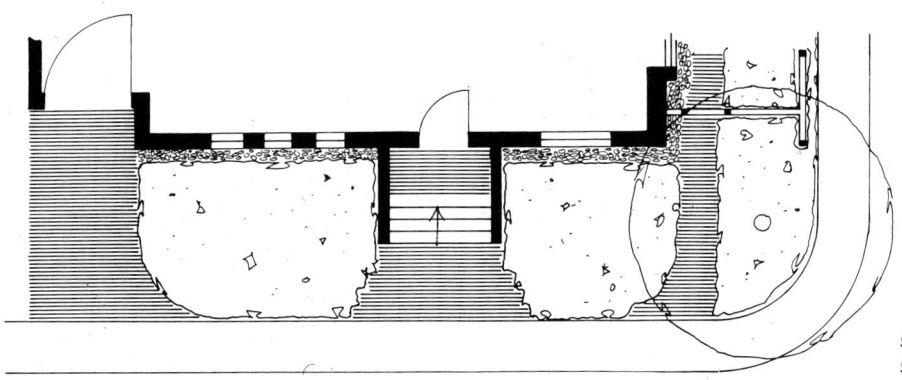

18 Variation 4: Zentraler, geradliniger Weg zur Eingangstüre.

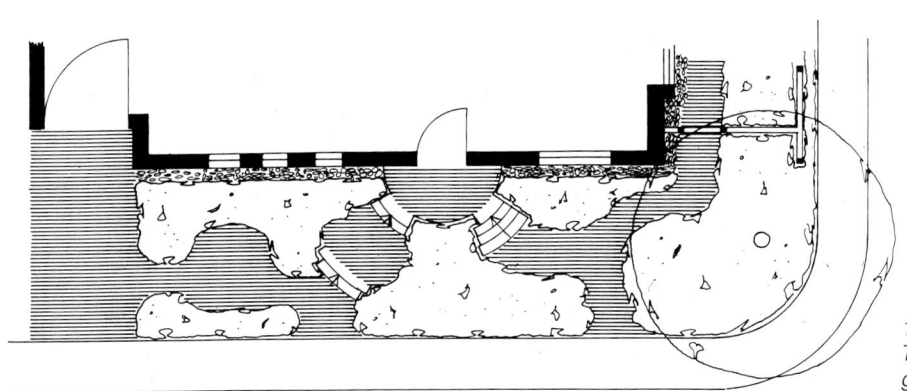

19 Variation 5: Halbrunde Treppenanlage mit Hauszugang von zwei Richtungen.

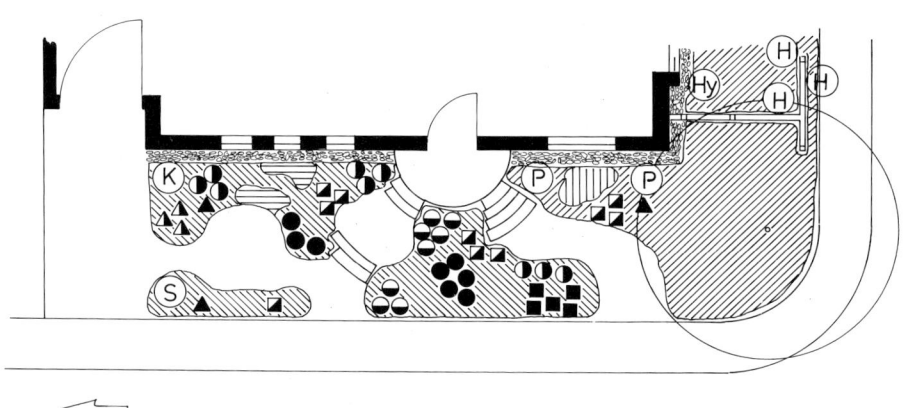

20   Pflanzplan zur ausge-
     führten Variation 5.

Sträucher, Kletterpflanzen:

H   Hedera colchica - Kaukasusefeu

Hy   Hydrangea petiolaris - Kletterhortensie

K   Kletterrose »Gruß an Heidelberg«

P   Parthenocissus tricuspidata »Veitchii«- Wilder Wein

S   Strauchrose »Lichterloh«

Bodendecker:

 Hedera helix »Hibernica« - Schnellwüchsiger Efeu

 Vinca minor - Immergrün

Stauden:

 Aster novi-belgii »Winston Churchill« - Herbstaster

Avena sempervirens - Blaustrahlhafer

Chrysanthemum leucanthemum »Maistern« - Margerite

Chrysanthemum maximum »Silberprinzeßchen« - Margerite

Delphinium cultorum »Finsteraarhorn«- Rittersporn

Delphinium belladonna »Völkerfrieden« - Rittersporn

Nepeta x faassenii - Katzenminze

Rudbeckia sullivantii »Goldsturm« - Sonnenhut

 Sasa pumila - Zwergbambus

21 Ansprechender Belag
im Wechsel mit boden-
deckender Bepflanzung.
Der Sonnenhut am rechten
Bildrand sorgt für Farbe
(Variation 5).

ZWÖLF EINFACHE GARTENENTWÜRFE FÜR EIN STÜCK LAND

Die zwölf Gartenentwürfe sollen dem Leser Anregungen und Kurzinformationen geben, wie er sein Stück Land[9] im Sinne des Buchthemas planen und ausführen kann.

Trotz einer die Pflege berücksichtigenden Gestaltung sind vielfältige Gartenlösungen ohne Verzicht auf Ideenreichtum und Kreativität möglich.

Grundlage für jeden Gartenentwurf ist ein stets gleiches ca. 35 m langes und 25 m breites, d.h. 875 m² großes Grundstück. Jeder Garten ist im gleichen Maßstab dargestellt und ausgenordet. Fotos verdeutlichen die Idee der Gestaltung, und ein Kurztext beschreibt die Einfachheit der Pflege.

22 Ein Oleander, wenige Sommerblumen, lebendiger Natursteinboden und der Sonnenschirm sorgen für eine angenehme Gartenatmosphäre ohne aufwendige Pflege.

23 Efeu als Bodendecker auf modelliertem Gelände - ein Vorgarten in Bonn.

OBSTGARTEN

Gartenstimmung

Obstbäume im Garten sorgen für eine unbeschwerte Stimmung:
Im Frühjahr erfreut die Blüte den Gartenbesitzer. Im Sommer sorgt der Obstbaumhain für lichten Schatten - wessen Wunschtraum ist es nicht, sich in einer Hängematte unter reifendem Obst zu entspannen? Der Spätsommer und Herbst bringen die Ernte. Schließlich ergeben tief herabhängende, schneebedeckte Obstzweige ein reizvolles Winterbild.
Für Farbe im Garten sorgt die blühende Wiese. Wem dies nicht ausreicht, der stellt sich zusätzlich Pflanzen in Terrakotten auf die Holzterrasse. Und wer das Glück hat, am Rande der Obstwiese schließlich ein Gartenhaus oder »Salettl«, eventuell in Verbindung mit einem Backofen vorzufinden, für denjenigen ist das Gartenparadies zum Greifen nahe.

Pflegebedarf

- Die Wiese zweimal im Jahr mähen (einmal aus praktischen Gründen vor der Obsternte).
- Obstbaumschnitt nach Bedarf.

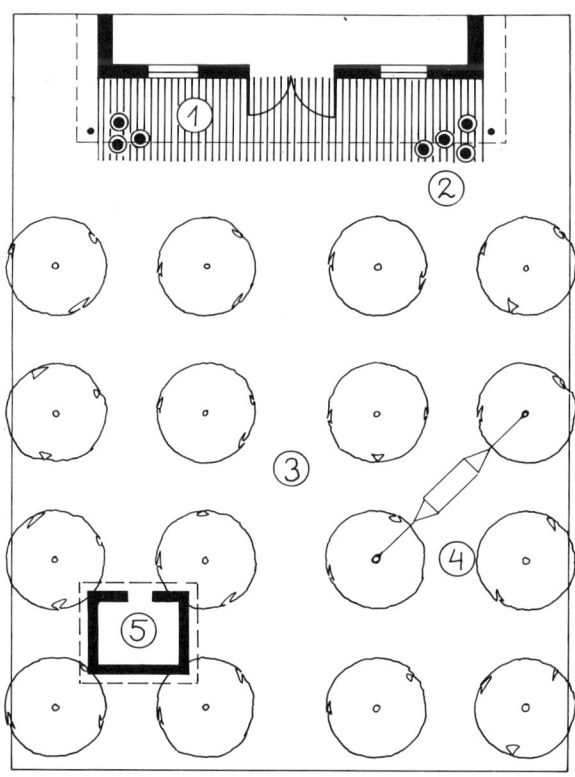

① ÜBERDACHTE HOLZTERRASSE

② TOPFPFLANZEN IN TERRAKOTTEN ODER HOLZTRÖGEN

③ BLUMENWIESE MIT OBSTBÄUMEN

④ HÄNGEMATTE.

⑤ GARTENLAUBE

N

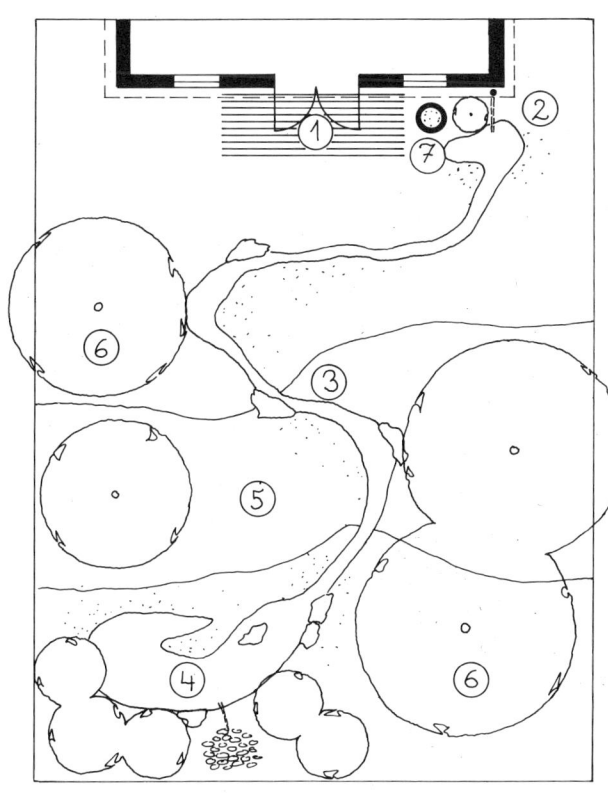

WASSERGARTEN

Gartenstimmung

Das Regenwasser, das auf das Hausdach trifft, wird dem Grundwasser auf natürlichem Wege wieder zugeführt. Es verschwindet nicht in der Kanalisation, sondern wird in Form eines Teiches und einer temporär feuchten oder trockenen Wiesenmulde für den Gartenbenutzer sichtbar gemacht.
Erwachsene und Kinder nehmen an dem Vergnügen »Wasser im Garten« teil: Spiegelungen im Wasser, Pflanzen- und Tierleben am und im Wasser, sowie akustisches Wasserspiel.
Wer in seinem Garten etwas für den gesunden Wasserhaushalt tut, tut dies nicht nur zur eigenen Freude, sondern im Interesse aller. Wo findet man noch sauberes Wasser und wo treffen nicht die Worte des Landschaftsarchitekten Le Roy zu?
»Während die Wäsche doppelt weiß wird, verschmutzen die Wasserläufe und sinkt die Qualität des Wassers.«[10]

Pflegebedarf

- Die Wiese zweimal im Jahr mähen.
- Eventuell einen Rasenweg durch mehrmaliges Mähen im Jahr anlegen.

(1) TERRASSE
(2) DACHRINNE MIT ÜBERLAUF
(3) WIESENMULDE ALS TEMPORÄRER BACHLAUF MIT FINDLINGEN
(4) TEICH MIT ÜBERLAUF + SICKERGRUBE
(5) WIESE
(6) BÄUME
(7) BRUNNEN MIT BAMBUS

AXIALER GARTEN

Gartenstimmung

Wer den strengen, axialen Garten bevorzugt, umgibt sein Stück Land z.B. mit einer geschnittenen Buchenhecke; der entstandene, rechteckige Raum wird von zwei Wegeachsen durchzogen, die in der Mitte ein Rondell aus geschnittenen Buchskugeln bilden. Die zwei hausnahen Quadranten sind Rasen, und die zwei anderen mit Obstbäumen überstellten Quadranten sind Wiesenflächen. Die Staudenrabatte schmückt den unmittelbaren Terrassenbereich. Einzelne Solitärsträucher kommen vor der geschnittenen Hecke gut zur Wirkung. Übersichtlichkeit, Großzügigkeit, Ordnung und Strenge sind Tugenden eines solchen Gartens. Von besonders reizvoller Wirkung können streng architektonische Formen wie z.B. Achsen innerhalb eines sonst naturnahen Gartens sein.

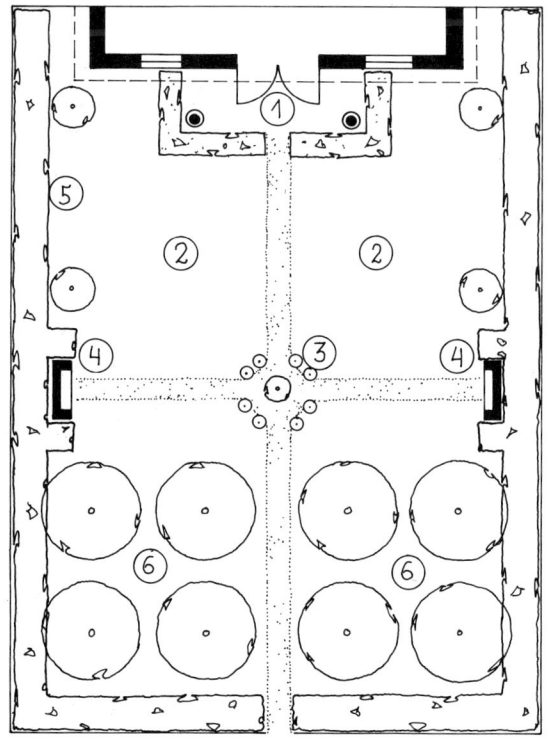

Pflegebedarf

- Die Wiesenstücke zweimal im Jahr mähen.
- Den Rasen alle zwei bis drei Wochen mähen.
- Die Buchskugeln und die Hecke einmal im Jahr schneiden.
- Obstbaumschnitt nach Bedarf.

1. TERRASSE MIT STAUDENRABATTE
2. RASEN
3. WEGERONDELL MIT BUCHSKUGELN
4. LAUBE MIT SITZBANK
5. GESCHNITTENE BUCHENHECKE
6. WIESE MIT OBSTBÄUMEN

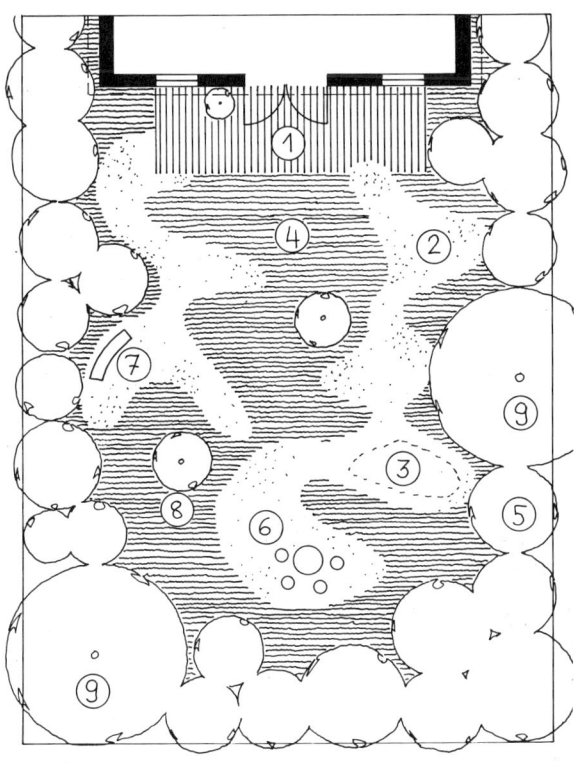

BAMBUSGARTEN

Gartenstimmung

Ein Bambusgarten ist auf sehr kleiner Fläche zu verwirklichen und stellt ein besonderes Gartenerlebnis dar. Die Elemente sind hellgrün-blättriger Bambus, dunkelnadlige schirmförmige Waldkiefer, dazwischen z.B. bodendeckendes, gelbblühendes Johanniskraut, blaublühendes Immergrün oder Gräser und Moose in Kombination mit begehbaren Schotterfluren.

Rasenspiele sind in solch einem Garten nicht möglich. Das Umfeld ist weniger für Kinder geeignet. Die Gartenwelt dient mehr der Meditation: auf einer Steinbank, umgeben von im Wind sich leicht bewegendem und säuselndem Bambus, läßt sich der Gartenbesitzer nieder, um in aller Stille vielleicht ein Haiku zu verfassen.

Pflegebedarf

- Anfänglich Unkraut aus noch nicht zusammengewachsenen Bodendeckerflächen entfernen.
- Später Bambusbestände gelegentlich auslichten.
- Zwischendurch Schotterfluren von überhandnehmenden Wildkräutern befreien.

① HOLZROST

② SCHOTTERFLUREN-BEGEHBAR

③ WASSERLAKE

④ FLACHE, BODEN-DECKENDE PFLANZUNG (HYPERICUM / VINCA MINOR...)

⑤ BAMBUSKULISSE

⑥ SITZPLATZ

⑦ STEINBANK

⑧ SOLITÄRSTRAUCH-BESONDERHEIT

⑨ PINUS SYLVESTRIS-WALDKIEFER

TOPFGARTEN

Gartenstimmung

Italienische Terrakotten können vor einer dunkelgrünen Gehölzkulisse im hellgrünen Rasen ein interessantes Gartenerlebnis bieten. Palmlilie, Schmucklilie, Fuchsienarten, Hochstammrosen und -margeriten, Oleander, Eibisch sind geeignete Kübelpflanzen. Sind diese gekonnt im Garten gruppiert und auf die verschiedenen Jahreszeiten abgestimmt, können Raumqualität und Ästhetik entstehen.

Pflegebedarf

- Den Rasen alle zwei bis drei Wochen mähen.
- Die Pflege der Topfpflanzen kann nicht als einfach bezeichnet werden. Die schweren Kübel müssen zweimal im Jahr vom Garten ins Gewächshaus und umgekehrt transportiert, sowie Umtopf- und Bodenverbesserungsarbeiten durchgeführt werden.

Einfach wird ein Topfgarten erst, wenn Pflege und zur Überwinterung erforderliche Transporte von einer Firma übernommen werden - wie dies in größeren Städten verschiedentlich von zentralen Gewächshauseinrichtungen angeboten wird.

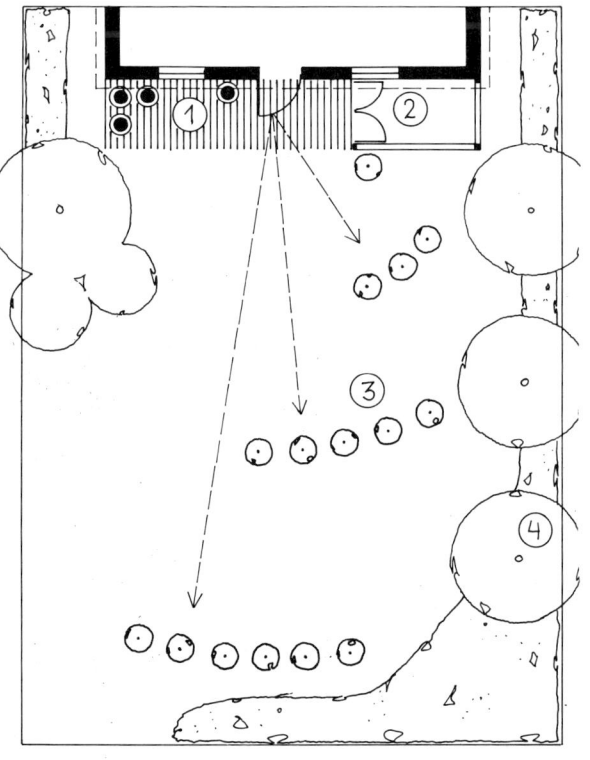

① TERRASSE MIT TOPFPFLANZEN

② WINTERGARTEN- GEWÄCHSHAUS

③ TERRAKOTTEN IM RASEN - RAUMWIRKUNG

④ GEHÖLZKULISSE

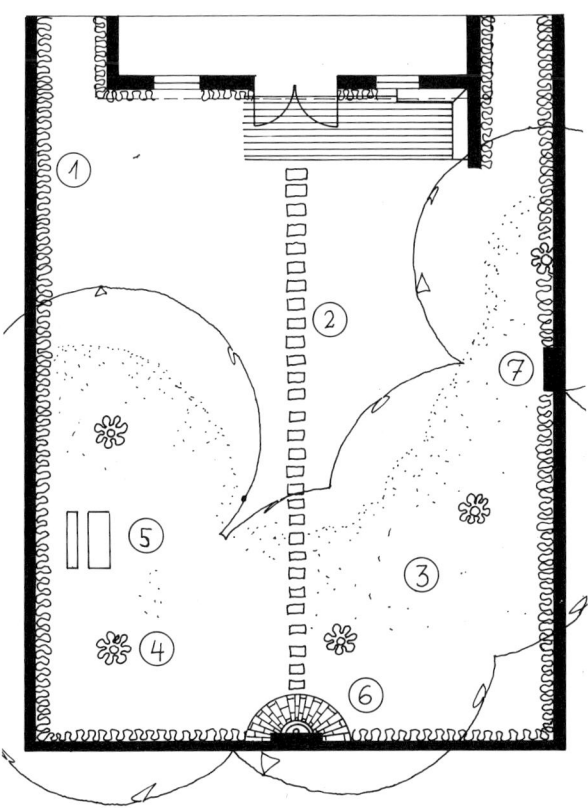

GARTEN MIT ALTEN BÄUMEN

Gartenstimmung

Auch unter vorhandenen alten Bäumen kann ein reizvoller Garten entstehen. Im tiefen Schatten wachsen Moose, Farne, Gräser, die Stämme der uralten Laubbäume sind von Efeu umschlungen. Die den Garten umgebende Ziegelmauer und das Haus selbst sind üppig berankt. Ein verborgener Sitzplatz lädt zum Träumen ein, und der Steinbrunnen plätschert in der geheimnisvollen Dunkelheit unter dem Blätterdach. Momente des Sonneneinfalls in der räumlichen Tiefe des Baumbestandes oder schneebereifte Äste im Winter stellen einzigartige Stimmungen dar.

Pflegebedarf

- Nahezu keine Pflege unter den alten Bäumen (gelegentlich aufkommendes Gehölz entfernen).
- Verbleibendes Rasenstück mähen.
- Im Herbst Blätter aus dem Brunnen sammeln, bzw. Becken abdecken, um Abflußverstopfungen zu vermeiden.

① EFEUBERANKTE MAUER

② PLATTENWEG IM RASEN

③ EFEU / MOOSE / FARNE-BODENDECKEND

④ EFEUBERANKTER BAUMSTAMM

⑤ STEIN-SITZGRUPPE

⑥ STEINBRUNNEN

⑦ RELIEF / SKULPTUR

RANKGARTEN

Gartenstimmung

Rankpflanzen - wie Wilder Wein, Efeu, Kletterhortensie, Waldreben und Geißblattarten, Kletterrosen, Glycinie und Echter Wein - wachsen
mit Hilfe von Rankdrähten, einem Spalier oder
selbsthaftend an Hauswänden. Sie bilden
Dächer über Stahl- und Holzkonstruktionen,
auch Lauben bzw. Pergolen, unter denen man
in der sommerlichen Mittagshitze im lichten
Schatten sitzt, um darunter zu speisen oder
ein Buch zu lesen. In Verbindung mit einem
Wasserbecken oder Brunnen wird der Aufenthalt unter der Laube noch anheimelnder.

Pflegebedarf

- Rankpflanzen von Fall zu Fall anbinden und
  in die gewünschte Richtung lenken.
- Wasserbecken im Herbst von Blättern befrei-
  en.

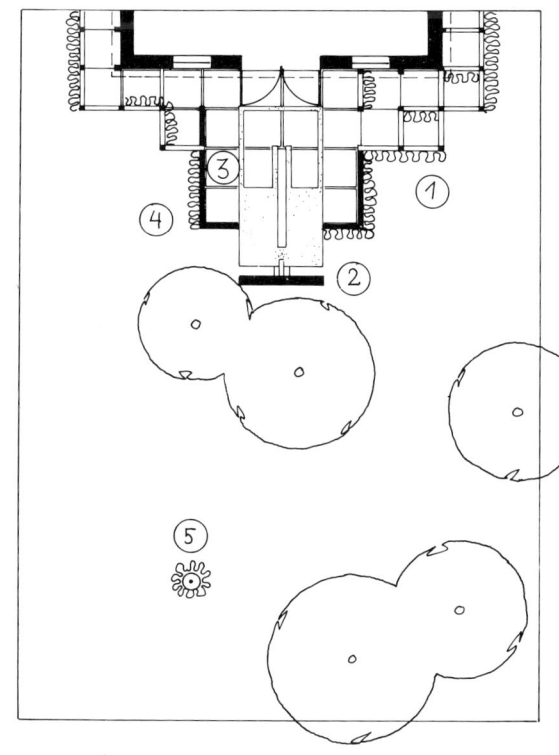

1 WISTERIA SINENSIS
  (GLYCINIE) ALS
  TERRASSENLAUBE

2 WASSERBECKEN
  FLACH MIT BRUN-
  NEN

3 NATURSTEINPLATTEN
  IM QUADRATRASTER

4 MAUERSCHEIBEN ZUR
  ABGRENZUNG EINES
  GARTENHOFES

5 RANKSÄULE

N

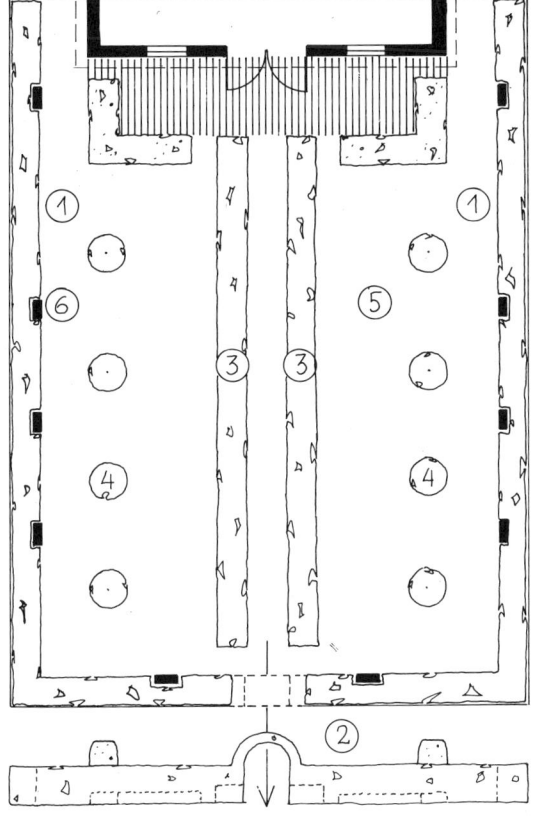

① HOHE EIBENHECKE

② EIBENBOGEN-BLICK
IN DIE LANDSCHAFT

③ NIEDERE BUCHS-/ODER
EIBENHECKE

④ EIBENSÄULE

⑤ WIESE ODER
RASEN

⑥ SKULPTUR

N

HECKENGARTEN

Gartenstimmung

Heckengärten beruhen auf einer großen Tradition im Barock und in der Renaissance. Auch im kleinen Garten kann der Wunsch eines in strengen Formen gehaltenen Heckengartens erfüllt werden. Mit akkurat geschnittenen Hecken können Räume geschaffen, Wegeverläufe betont, in Form von Bögen Ein- und Ausgänge sowie Blickbezüge hergestellt werden, durch Säulenformen markante Punkte hervorgehoben und durch entsprechenden künstlerischen Schnitt grüne Skulpturen erfunden werden. Meist kontrastiert das Dunkel der wintergrünen Hecken, Buchs und Eibe äußerst spannungsreich mit dem Hellgrün der Rasenflächen. Wer Vorliebe hierfür verspürt, kann alleine mit dem Element »Hecke« und deren unterschiedlichen Höhenabstufungen einen interessanten Garten verwirklichen.

Will der Gartenbesitzer sofort ein fertiges Bild seines Heckengartens sehen, muß er viel Geld für die entsprechenden Pflanzengrößen und vorgezogenen Säulen-, Kugel- oder Kegelformen bezahlen. Beginnt er das Unternehmen mit kleineren Pflanzen, muß er Geduld haben, bis er die gewünschten Formen schneiden kann.

Pflegebedarf

- Rasen und Wiese mähen.
- Hecken schneiden.

Da es sich neben dem Rasenmähen nur um eine einzige Tätigkeit, das Heckenschneiden, handelt, kann von einer einfachen Pflegetätigkeit gesprochen werden.

Es kommt aber darauf an, den Heckenschnitt sorgfältig und fortwährend durchzuführen, um zu einem zufriedenstellenden Gartenbild zu gelangen. Identifiziert sich der Besitzer derart mit seinem Garten, daß er nach eigenen Entwürfen und Ideen Heckenskulpturen schneidet, so ist Kreativität eine Grundvoraussetzung. Prinzipiell bedarf der hohe gestalterische Anspruch eines Heckengartens der Planung eines Landschaftsarchitekten.

Wem diese Beschäftigung entspricht und wer mit Stauden, Sommerblumen und sonstigen Gartenvorstellungen nichts im Sinn hat, für den ist das Thema »Heckengarten« vielleicht eine willkommene Freude.

RASEN-WIESEN-GARTEN

Gartenstimmung

Wie es Gärten gibt, die ohne Rasen und Wiese auskommen, gibt es auch solche, die ausschließlich vom Mähen geprägt sind. Einfache Grundformen - wie Oval, Quadrat, Rechteck, Kreis -, geschwungene oder gerade Wege und Achsen, können durch Rasenmähen gegenüber Wiesenflächen gestalterisch hervorgehoben werden. Aufbauend auf der Tradition historischer Axial- und Parterregärten im Barock sind z.B. Rasen-Wiesen-Parterres mit geometrisch kurz gemähten Formen im Gegensatz zu den verbleibenden höher wachsenden Wiesenstücken vorstellbar. In ähnlicher Weise können auch freie amorphe Formen als funktionelle Wege und Plätze oder aus Gründen der Ornamentik und Ästhetik herausgeschnitten werden.
Die Kunst des kreativen Mähens ist gefragt.

Pflegebedarf

- Ausschließlich Mäharbeiten.

Selbstverständlich muß sauber und immer wieder dann gemäht werden, wenn die gewünschten Strukturen zu verwischen drohen. Auch die höheren Wiesenstücke müssen eines Tages gemäht werden. Um die Formen zu erhalten, sollten diese nicht allzu niedrig gemäht werden.
Wer sich der Kunst des Mähens richtig annimmt, wird erfahren, daß man auch mit einer dritten Höheneinstellung des Rasenmähers noch eine zusätzliche, sich von den beiden anderen Höhenabstufungen absetzende Formgebung ausführen kann. Da auch die Wiesenstücke gemäht werden müssen, empfiehlt sich ein Gerät, das höheres Gras schneidet. Wer Spaß an dieser Mähkunst hat, wird viele Möglichkeiten entdecken.

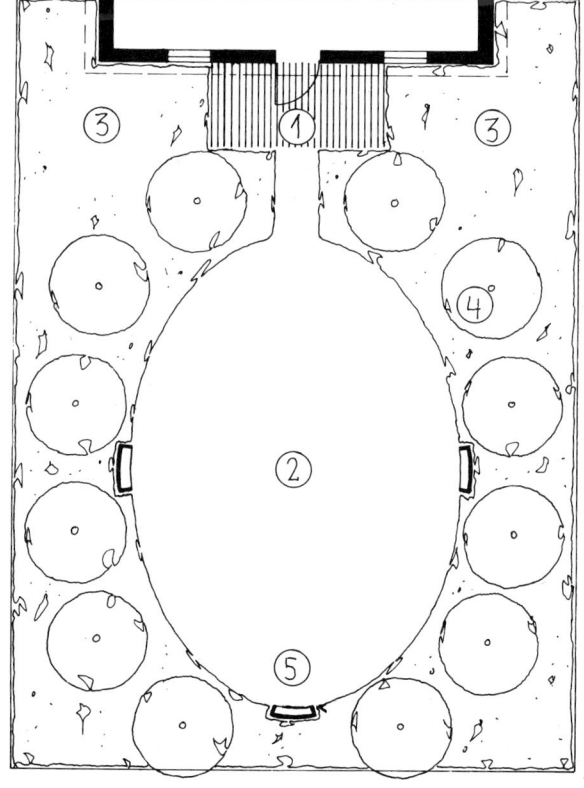

 ① HOLZROST ALS TERRASSE
② RASENOVAL

③ WIESE
④ OBSTBAUM
⑤ SITZBANK

N

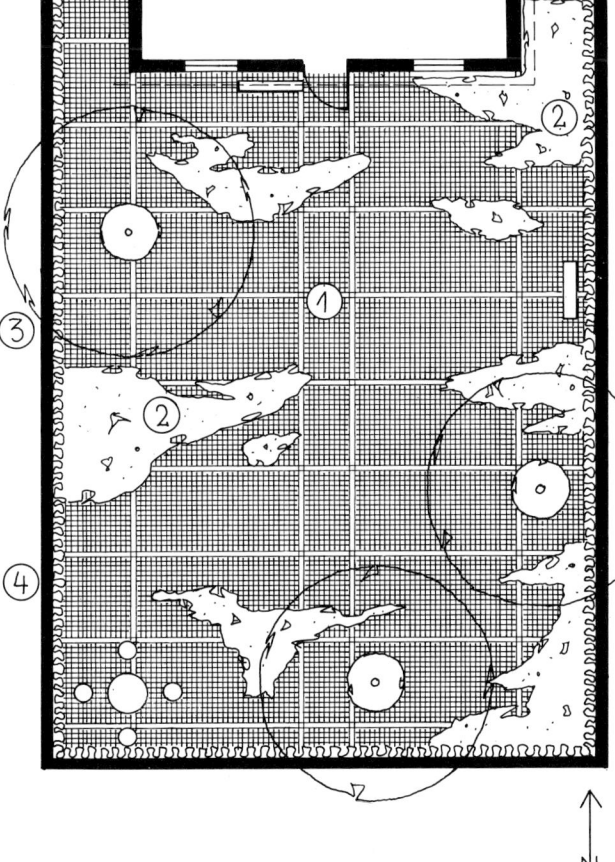

PFLASTERGARTEN - GARTENHOF

Gartenstimmung

Der Garten ist geprägt durch einen imposanten, großflächigen Bodenbelag, der von gliedernden Pflanzinseln durchsetzt ist. So entstehen Kleinräume innerhalb eines großzügigen Gesamtraumes.

Solch ein Garten ist als Hofsituation - umgeben von Mauern - oder als Eingangsbereich, kombiniert mit einem Brunnen, vorstellbar. Wichtig für eine überzeugende Lösung ist die Qualität und Schönheit des Natursteinmaterials und dessen Verwendung, abhängig von Form, Farbe und Verlegeart.

Pflegebedarf

- Im Herbst Abkehren der Belagsfläche vom
  Laub der Bäume.
- Stauden- und Bodenpflege der kleinflächigen
  und bequem zu bedienenden Pflanzinseln.

① NATURSTEINPFLASTER   ③ BAUMINSEL

② PFLANZINSEL   ④ BERANKTE MAUER

GARTEN FÜR KINDER

Gartenstimmung

Kinder benötigen im Garten weniger fest installierte und kaum variable Spielgeräte, sondern eher einen erlebnisreichen Freiraum zur kreativen und innovativen Spielfindung. Baumhaus und Klettermöglichkeiten in alten Bäumen - falls vorhanden -, das Spiel mit Sand und Wasser, Schaukel und Möglichkeiten zur nachbarschaftlichen Kontaktaufnahme sind kindgerechte Angebote. Auch Haselnußsträucher zur Herstellung von Pfeil und Bogen sind gefragt. Der Sandspielbereich muß nicht immer eine rechteckige Kiste darstellen, sondern kann gestalterisch in das Gartenkonzept einbezogen werden.

Pflegebedarf

- Wiese und Rasen mähen.
- Solitärsträucher gelegentlich ausschneiden.

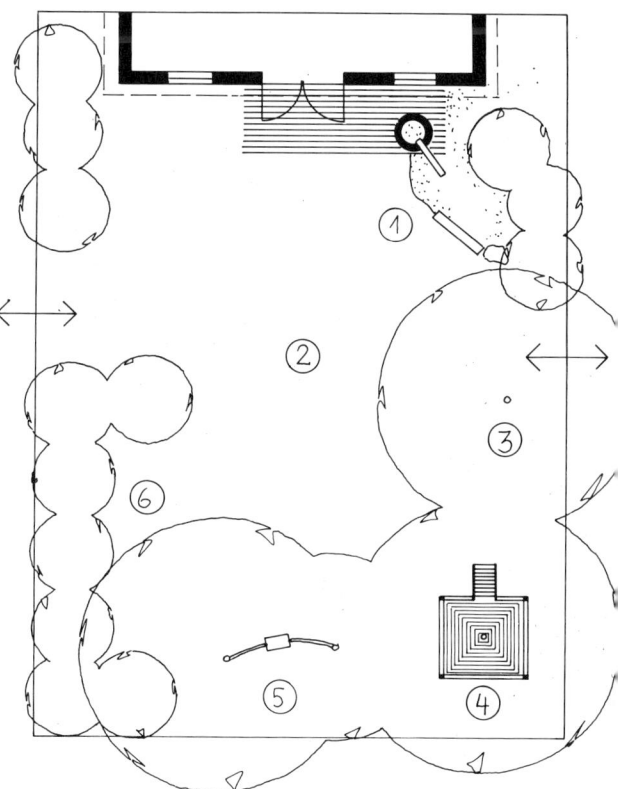

① SANDSPIEL MIT WASSERSTELLE UND BAMBUS
② WIESE/RASEN
③ ALTE BÄUME
④ BAUMHAUS
⑤ SCHAUKEL
⑥ WILDE ECKE MIT HASELNUSS-STRÄUCHERN

⟵⟶ NACHBARSCHAFTLICHER KONTAKT

N

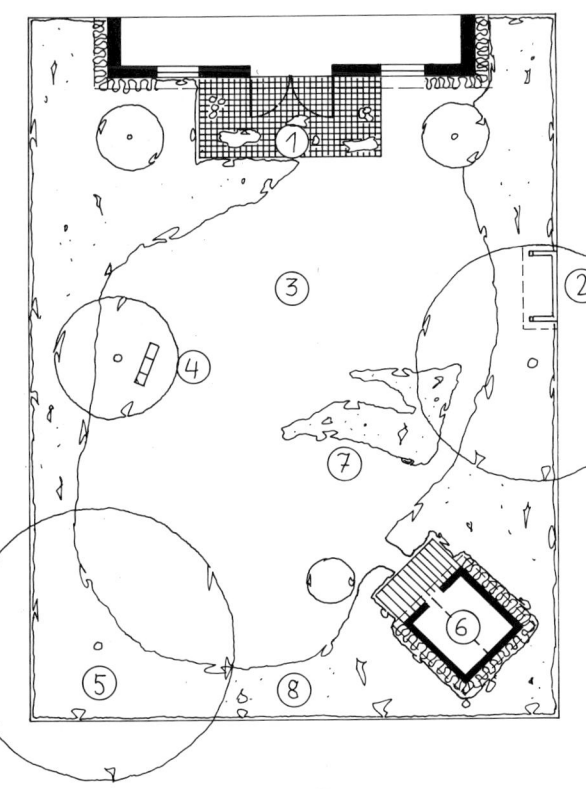

VERWILDERTER GARTEN

Gartenstimmung

Der Reiz des »verwilderten Gartens« liegt in der Tatsache, daß ursprünglich geplante Strukturen zwar noch ablesbar, aber im Laufe der Zeit durch Einschränkung von Pflegemaßnahmen oder gar Vernachlässigung eingewachsen, bzw. überwuchert sind.

Das Maß der Verwilderung ist entscheidend für die Beurteilung, ob es sich bei solch einem Garten noch um Ordnung oder bereits um Unordnung handelt.

Das richtige Verhältnis von geplant Gewachsenem und unkontrolliert sich Entwickelndem kann aber zu einem positiv ästhetischen Zustand mit einem Hauch von Romantik führen.

Pflegebedarf

- Die Wiese zweimal im Jahr mähen.
- Zwischendurch in Verwilderungsprozeß ordnend einwirken.
- Schöpferische Pflege hinsichtlich Pflanzen, die bestehen bleiben dürfen oder neu in Vorhandenes integriert werden.

① TERRASSE MIT KULTURSTAUDEN UND WILDKRÄUTERN

② HOLZLAGER

③ WIESE

④ RELIKT AUS ALTER ZEIT

⑤ ALTE EICHE, EFEUUMRANKT

⑥ EINGEWACHSENE LAUBE

⑦ BRENNESSEL-FLUR

⑧ GEHÖLZPFLANZUNG

ANREGUNGEN UND IDEEN
ZUR PFLEGEERLEICHTERUNG

ANPASSUNG DES GARTENENTWURFES AN DIE SPEZIFISCHE LANDSCHAFTLICHE ODER STÄDTISCHE SITUATION

Bereits in der Planungsphase gibt es verschiedene Möglichkeiten, die Folgepflege einfach zu halten. Hierzu gehören die Anpassung des Gartenentwurfes an die jeweilige Situation, das richtige Verhältnis von Belags- und Vegetationsflächen, geeignete Pflanzenauswahl sowie die Kenntnis entsprechend einfacher Pflegedetails.

Entscheidend für eine einfache Pflege im Garten ist das richtige planerische Konzept für die entsprechende naturräumliche Ausgangssituation.

Fügt sich ein Garten mit seinen Elementen in die Landschaft ein, verwendet er bodenständige oder angepaßte Pflanzenarten und hält sich zurück mit fremdländischen, nur unter schwierigen Bedingungen anzusiedelnden Pflanzengesellschaften, so wächst vieles von selbst und benötigt nicht die stete Pflege verbunden mit der Angst, es könnte eine wertvolle Seltenheit an dem mühsam durch Boden- und Bodenverbesserungsmaßnahmen vorbereiteten Standort sich entweder nicht zur vollen Pracht entwickeln oder eingehen.

Azaleen und Rhododendren z.B. bedürfen im süddeutschen Raum einer aufwendigen, großflächigen Bodenverbesserung, um voll zur Wirkung zu kommen. In den Torfgegenden Norddeutschlands wachsen sie wesentlich unproblematischer, da sie dort heimisch sind. Sind ältere Azaleenbestände von dichten Staudenmatten, z.B. Prachtspieren und Steinbrecharten, unterpflanzt, so ist kaum eine Pflegeleistung erforderlich.

Ein Garten in einer Talniederung, der an einer Ecke eine Senke aufweist, ist prädestiniert für die Anlage eines Teiches, an dessen Rand sich Schilf und Feuchte liebende Pflanzen nahezu von selbst einstellen.

Dagegen muß nicht jeder Reihenhausgarten in der Stadt einen Teich aufweisen, der erst nach aufwendiger Modellierung des Geländes und Schaffung von geeigneten Standortvoraussetzungen für Uferrandstauden und -gehölze sinnvoll in ein Gesamtgartenkonzept integriert

werden kann. Dem höheren Ausführungsaufwand für eine Gartenidee an ungeeigneter Stelle folgt unmittelbar auch der größere Pflegeaufwand.

Jeder Garten, ob er sich im Dorf oder in der Stadt, am Dorfrand, auf einer Tiefgarage oder über den Dächern einer Großstadt befindet, sollte in seiner Gestaltung auf das umliegende Umfeld eingehen. Ist dieses negativ, so kann ein nach außen abgeschirmter, introvertierter Garten entstehen, ist das Umfeld auf irgendeine Weise positiv, wird der Gestalter bemüht sein, Blickrichtungen in die Landschaft zu verdeutlichen, vom Großgrün der Nachbargärten optisch zu profitieren, den Garten für Naturschönheiten in der Landschaft zu öffnen, aber auch den Entwurf hinsichtlich der Folgepflege mehr oder weniger an die jeweilige Situation anzupassen.

- In einer von Obstbäumen geprägten Landschaft läßt sich schnell erkunden, welche Arten auch im Hausgarten ohne aufwendige Bodenverbesserung zu einem guten Erfolg führen.
- In einer Wiesenlandschaft kann zwar ein Stück Rasen als streng gestaltetes und aus der Landschaft »geschnittenes« Kontrastobjekt seine ästhetischen Reize haben, pflegeleichter ist es jedenfalls, die umgebende Wiese in den Garten hineinwachsen zu lassen und nur zweimal im Jahr mähen zu müssen.
- In einem Garten am Dorfrand spart man sich Arbeit, indem man die freiwachsende Holunder- oder Weißdornhecke entlang des Feldweges an der Grundstücksgrenze fortsetzt, bevor man eine regelmäßig zu schneidende, wintergrüne Hecke pflanzt oder eine aufwendige Zaunanlage installiert, die stets neu gestrichen oder repariert werden muß.

Während sich der Gartenbesitzer innerhalb des Dorfes dem das Dorfbild prägenden Staketenzaun anpassen wird, so reicht im Übergang zur freien Landschaft oft ein einfacher Koppelzaun.

Bei Realisierung eines Gartens auf einem bereits von landschaftlichen Elementen geprägten Grundstück ist im Hinblick auf pflegeeinfache Gärten sehr genau das bisher Vorhandene zu kartieren und zu analysieren, um festzustellen, welche Bereiche belassen, aufgewertet, verändert oder völlig neu gestaltet werden müssen.

Manche Pflanzenbestände, wie z.B. ein dichter Bärlauchteppich unter Gehölzen, Krautsäume am Gehölzrand, Hochstaudenfluren am Bachufer oder Distelbestände am Wegrand, bilden reizvolle Gartenerlebnisse, im Kontrast zu Neupflanzungen oder darin integriert, und benötigen, wenn man sie nur in Ruhe läßt, nahezu keinerlei Pflege.

Auch in der Stadt lassen sich Gärten an die vorgefundene Situation anpassen. Auf einer Tiefgarage z.B. muß Rollkies als Drainschicht eingebracht werden, bevor auf dem darüberliegenden Vlies humisiert werden kann. Bringt man das kiesige Material auch an der Oberfläche optisch zur Geltung, so wachsen in den mit wenig Humus auskommenden Schotterfluren Polsterstauden, Trockengräser, Fetthennen- und Steinbrecharten, die ein farbenprächtiges Bild bei genügsamstem Standort und teils längerer Trockenheit ohne sorgsame Pflege ergeben.

Substrate geringer Mächtigkeit auf Dächern (3 - 5 cm stark) und entsprechende Pflanzung bzw. Ansaat von extensiven, trockenheitsliebenden Pflanzenarten führen zu grünen Dachlandschaften, die optisch wie ökologisch luftverbessernd und wärmeisolierend wirksam sind. Sie entwickeln sich nahezu von selbst. Um Dachschäden zu vermeiden, ist eine Wurzelschutzfolie für den Fall der unerwünschten Ansiedelung eines starkwüchsigen Gehölzes vorzusehen.

Ähnliche Wohlfahrtswirkungen bestehen bei Kletterpflanzen, die an der Wand, am Spalier oder an Rankdrähten bei geringstem Bodenanspruch emporwachsen - eine Platte oder drei entfernte Pflastersteine im Bodenbelag reichen aus - und selbst bei geringfügiger Pflege beträchtlich große Flächen in der Vertikale begrünen.

Verschiedene Möglichkeiten an die jeweilige räumliche und landschaftsbezogene Situation angepaßter und einfach zu pflegender Gärten stehen dem Gartengestalter offen. Selbstverständlich gibt es immer Ausnahmen. Auch nicht bodenständige Garten- und Pflanzenelemente können landschafts- und naturräumliche Paradiese noch steigern, sowie Vegetationsformen aus der Natur städtische Agglomerationen bereichern.

Eine Vielzahl von Gartenideen prägt das Erscheinungsbild unserer Gartenwelt. Jeder, der sich einen Garten anlegt oder darin lebt, hat eine andere Philosophie und Einstellung zum Gartenleben. Innerhalb solcher Philosophie bewegt sich auch das Maß des jeweiligen Pflegeanspruchs.

Flächenbilanz:

 Bauerngarten (pflegeintensiv):   185 m²
Sonstiger Garten (pflegeextensiv):   2.280 m²

Gesamt-Gartenfläche   2.465 m²

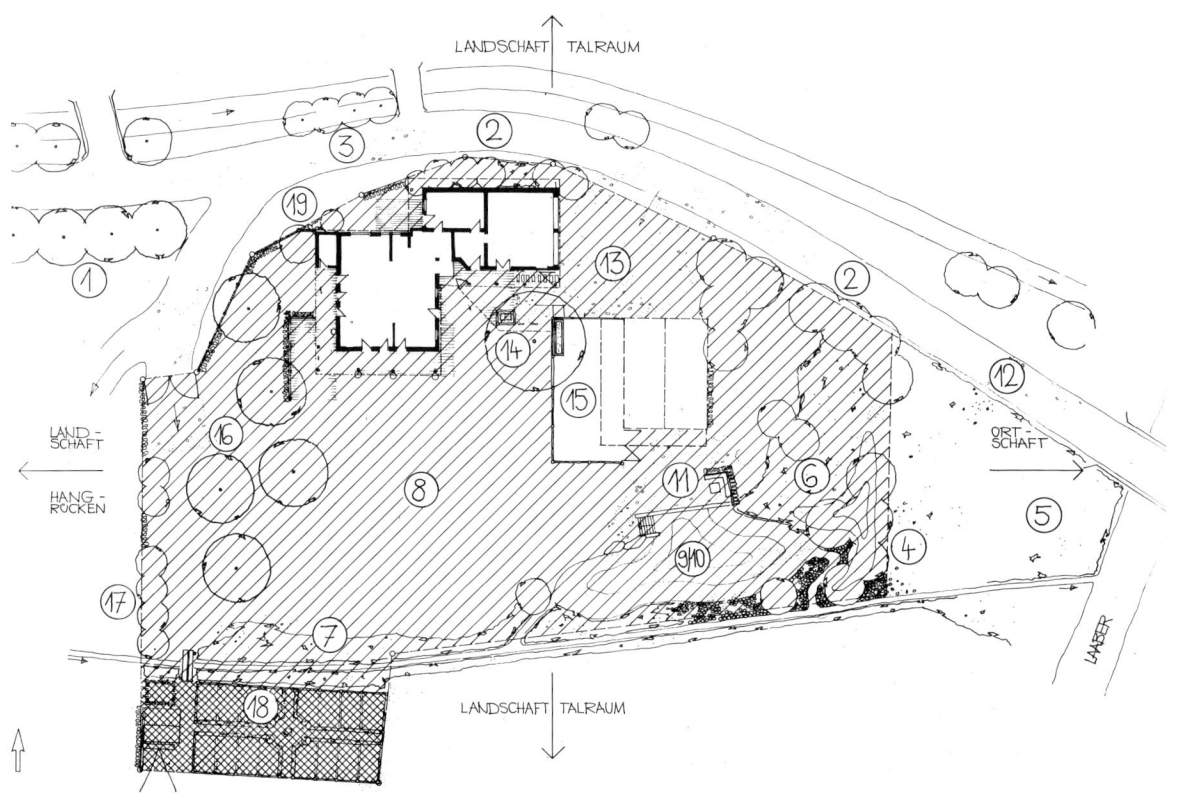

AN DIE LANDSCHAFT ANGEPASSTER GARTENENTWURF

BESTAND

1. Haselnußsträucher entlang Feldweg

3. Weiden am Bach

5. Feuchtwiese mit Schilfbeständen

7. Wiesengräser und Bachrandstauden

9. Tiefster Geländepunkt Feuchtstelle

12. Kiesweg

PLANUNG

2. Bodenständige Feldgehölze entlang der Gartenzufahrt

4. Weiden als Sichtschutz im Anschluß an vorhandenen Schilfgürtel

6. Schilfpflanzung

8. Wiese

10. Teich

11. Dorftypische Laube

13. Garageneinfahrt Kiesschotterdecke

14. Hausbaum

15. Pferdestall mit Pferdekoppel und Steintränke

16. Obstwiese

17. Beerensträucher

18. Bauerngarten

19. Berankter Holzzaun

49   Von Schilf umgebener
Teich, der sich bei ökologi-
schem Gleichgewicht
selbst reguliert.

50   Ein grünes Dach ist
nicht nur ästhetisch befrie-
digend, sondern wirkt auch
ökologisch wärmeisolie-
rend. Die Pflege ist gleich
Null.

BEWÄHRTE PFLANZENARTEN DER EXTENSIVEN DACHBEGRÜNUNG

Alyssum argenteum - Steinkraut
Anthericum ramosum - Graslilie
Carex humilis - Erdsegge
Dianthus carthusianorum - Karthäusernelke
Festuca rupicaprina - Schwingel
Geranium sanguineum - Storchschnabel
Linum flavum - Lein
Melica ciliata - Perlgras
Petrorhagia saxifraga - Steinnelke
Potentilla verna - Frühlingsfingerkraut
Saponaria ocymoides - Seifenkraut
Sedum acre - Scharfer Mauerpfeffer
Sedum album - Schneepolster
Sedum reflexum - Tripmadam
Sedum sexangulare - Walzensedum
Sempervivum tectorum - Dachwurz
Thymus serphyllum - Thymian
Verbascum bombyciferum - Königskerze
u.a.[11]

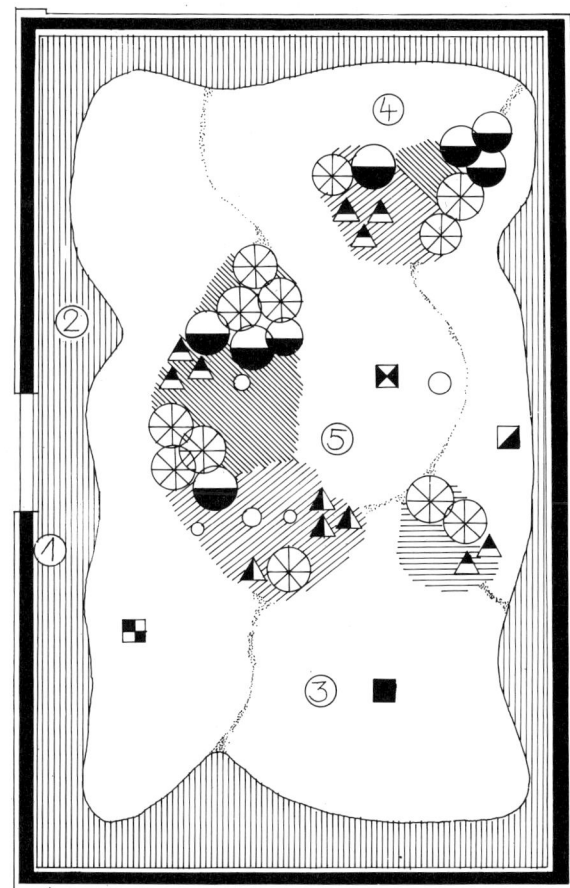

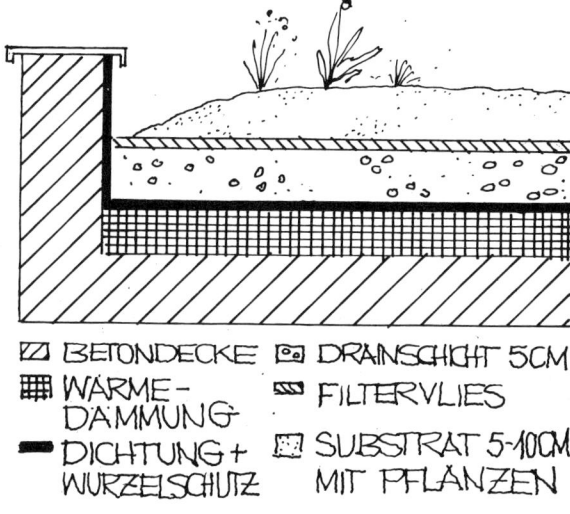

① BLECHAUFKANTUNG
② ROLLKIES ALS RANDANSCHLUSS
③ FETTHENNENARTEN ALS SPROSSEN CA 20 G/M² GRÄSER-KRÄUTER-MISCHUNG CA 100 G/M² - 4CM SUBSTRAT
④ GINSTER UND ZWERGKIEFER AUF HÜGEL 12-15CM SUBSTRAT
⑤ BLAUSTRAHLHAFER, PERLGRAS, DOST, HABICHTSKRAUT, LAVENDEL

▨ BETONDECKE ▨ DRAINSCHICHT 5CM
▦ WÄRME-DÄMMUNG ▨ FILTERVLIES
▬ DICHTUNG + WURZELSCHUTZ ▨ SUBSTRAT 5-10CM MIT PFLANZEN

51 Schemaschnitt: Dach-aufbau für eine extensive Begrünung.

52 Entwurfsplan für eine extensive Begrünung auf einem Flachdach.

53   Die pflegeintensiven Gartenbereiche liegen unmittelbar am Haus - sonst geht der Garten in Form einer Obstwiese in die Nachbargärten über.

RICHTIGES VERHÄLTNIS VON BELAGS-, RASEN- UND PFLANZFLÄCHEN

Entscheidend für pflegeeinfache Gärten ist neben der Anpassung des Gartenentwurfes an die jeweilige Situation das richtige Verhältnis von Belags-, Rasen- und Pflanzflächen. Von den drei Hauptgartenelementen sind die Belagsflächen am wenigsten und die Pflanzflächen am meisten pflegeintensiv. Bei Rasenflächen hängt die Pflege von der Häufigkeit des Mähens ab. Wiesen sind am pflegeeinfachsten, obwohl das Entfernen des Mähgutes, das bei häufigem Rasenmähen nicht unbedingt erforderlich ist, beim zweimaligen Wiesenschnitt im Jahr als Arbeit nicht außer acht gelassen werden darf.

Bei Belagsflächen sind geschlossene Beläge einfacher zu pflegen als Beläge mit Rasenfugen oder integrierten Polsterstauden, die übermäht oder in kleinflächigen Teilbereichen gesondert gepflegt werden müssen.

Bei Pflanzflächen kommt es auf Art und Größenordnung an: Stauden sind bekannterweise komplizierter zu pflegen als Gehölze, Bodendecker und Kletterpflanzen.

Anhand von Grundrißplänen sollen zwei hinsichtlich der Pflege ausgewogene Gartenkonzepte vorgestellt werden:

Im ersten Fall handelt es sich um einen ländlichen Garten von gesamt 850 m² am Rande eines Siedlungsgebietes in Weilheim/Oberbayern.

Der Wunsch des Bauherrn war keinesfalls ein »pflegeleichter Garten«. Gemüse, Kräuter, Sommerblumen, Obstbäume, Stauden, ein Brunnen, Buchsrabatten, Gartenkugeln usw. sollten den Garten zieren. Dennoch wurden die verschiedenen Ansprüche im Rahmen des Entwurfes so zusammengefaßt, daß die pflegeintensiveren Pflanzungen in einem hausnahen, aber zur Straße hin orientierten, dorfspezifischen »Bauerngarten« und im Bereich der Sitzterrasse konzentriert wurden. Somit stehen die von der Gestaltung her intensiven hausnahen Bereiche von insgesamt ca. 260 m² Fläche den von Gestaltung und Pflege her extensiven Flächen (Obstwiese, Klinkerbelag,

Eingangshof) von insgesamt ca. 590 m² gegenüber.

Rechnet man die Belagsflächen, die in den intensiven Gartenbereichen enthalten sind, noch zu den extensiven Flächen, so verhalten sich pflegeintensive zu pflegeextensiven Flächen wie 1:5 (Plan und Abbildung S. 49).

Während Fall 1 ein durchaus akzeptables Pflegekonzept eines kleineren Gartens darstellt, wird im Fall 2 eine noch höhere Pflegeintensität erreicht.

Die Rasenfläche reicht bis an die Terrasse. Die den Garten nach außen abgrenzende Rahmenpflanzung ist auf Grund vorhandener bodenständiger Arten, die bodendeckend unterpflanzt sind, pflegeextensiv. Zur Straße hin erzielt ein versetzt angeordneter Holzzaun, der mit entsprechenden Kletterpflanzen begrünt ist, sowohl räumliche Wirkung als auch geringfügig schallschluckende Wirkung. Lediglich unmittelbar am Haus bzw. an der Terrasse befinden sich wenige Pflanzinseln intensiverer Gestaltung, geprägt durch Rittersspornarten und Sonnenhut. Das Verhältnis von pflegeextensiven und pflegeintensiven Gartenflächen ergibt ungefähr 1:20 (Plan und Abbildung auf S. 51)

54   Innerhalb des Vorgartens komprimierter, pflegeintensiver Gartenbereich mit Klinkerweg, Sommerblumenrondell, Buchskugeln und -rabatten.

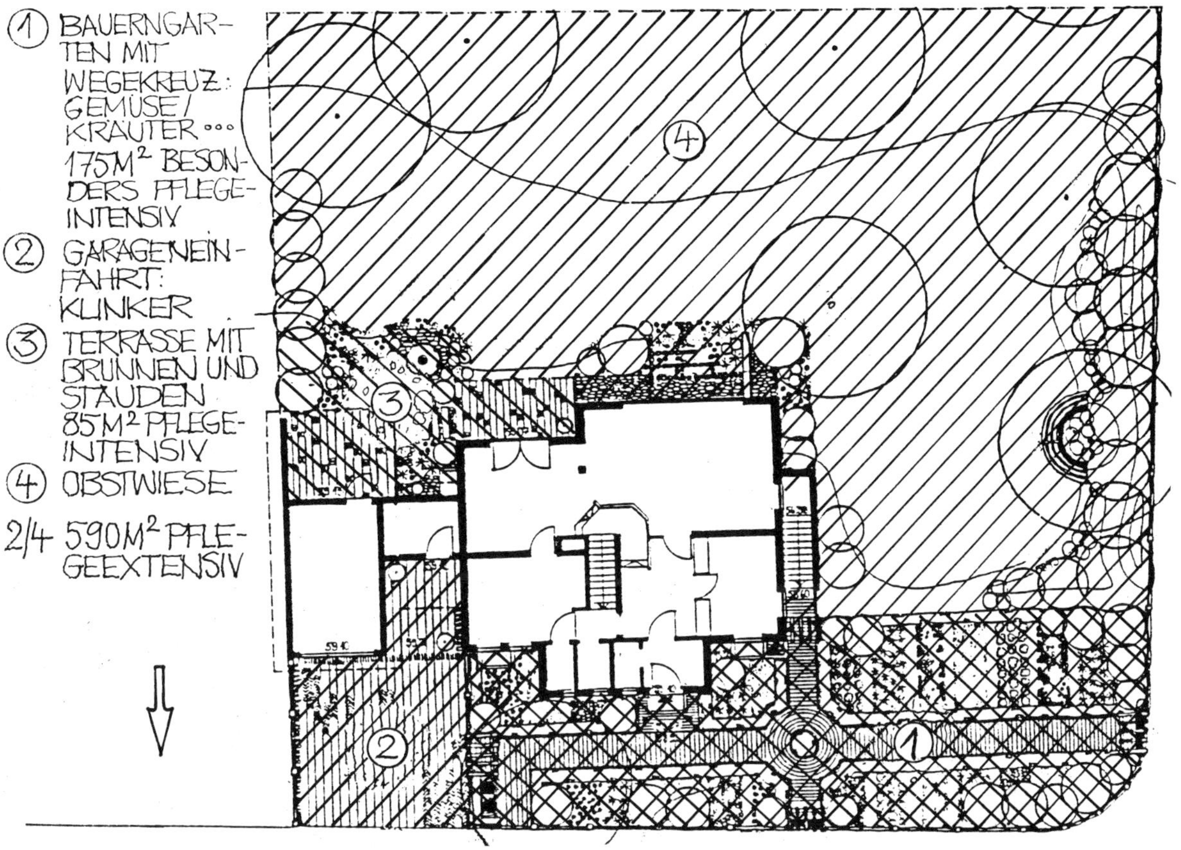

① BAUERNGAR-
TEN MIT
WEGEKREUZ:
GEMÜSE/
KRÄUTER •••
175 M² BESON-
DERS PFLEGE-
INTENSIV

② GARAGENEIN-
FAHRT:
KLINKER

③ TERRASSE MIT
BRUNNEN UND
STAUDEN
85 M² PFLEGE-
INTENSIV

④ OBSTWIESE

2/4 590 M² PFLE-
GEEXTENSIV

*55 Günstiges Verhältnis
von Belags-, Rasen- und
Pflanzflächen hinsichtlich
des Pflegeaufwandes.*

PFLEGEEINFACHE UNTERPFLANZUNG VON VORHANDENEN GEHÖLZEN

Bodendecker, Stauden und Gräser:

Alchemilla mollis	-	Frauenmantel (6 Stück/m^2)
Geranium endressii	-	Storchschnabel (9 Stück/m^2)
Iberis sempervirens	-	Schleifenblume
»Zwergschneeflocke«		(kleine Polster bildend)
Oenothera missouriensis	-	Nachtkerze
Sasa pumila	-	Zwergbambus

Kombiniert mit Blumenzwiebeln:

Allium albipilosum	-	Blumenlauch
Allium giganteum	-	Riesenlauch
T. »Bing Crosby« »Madame Spoor«	-	Tulpen
N. »King Alfred«	-	Narzissen (weniger wühlmausanfällig als Tulpen)

Zusätzlich:

Chaenomeles »Crimson Gold«	-	Scheinquitte (vereinzelt als Farbakzent)
R. »High Noon« und »J.G. Grootendorst«	-	Park- und Strauchrosen (vereinzelt als Farbakzent)
Pachysandra terminalis	-	Schattengrün (bodendeckender Kleinstrauch)
Pieris floribunda	-	Lavendelheide
Potentilla fruticosa »Arbuscula«	-	Fingerstrauch

Zusätzlich als Solitärstauden und Solitärgräser:

Pennisetum compressum	-	Lampenputzergras
Pseudosasa japonica	-	Bambus
Rudbeckia sullivantii »Goldsturm«	-	Sonnenhut

PFLEGEEINFACHE DICHTE ZAUNBERANKUNG

Clematis montana »Rubens«	-	Anemonen-Bergrebe
Clematis x »Lasurstern«		
Clematis x »Mme le Coultre«		
Clematis x »Nelly Moser«		
Clematis x »President«		
Clematis x »Ville de Lyon«	-	Großblumige Hybriden
R. »Gruß an Heidelberg«	-	Kletterrose
Hedera colchica »Arborescens«	-	Kaukasischer Strauchefeu
Hydrangea petiolaris	-	Kletterhortensie
Jasminum nudiflorum	-	Gelber Winterjasmin
Lonicera henryi	-	Wintergrünes Geißblatt
Parthenocissus tricuspidata »Veitchii«	-	Wilder Wein
Wisteria sinensis	-	Glycinie, Blauregen

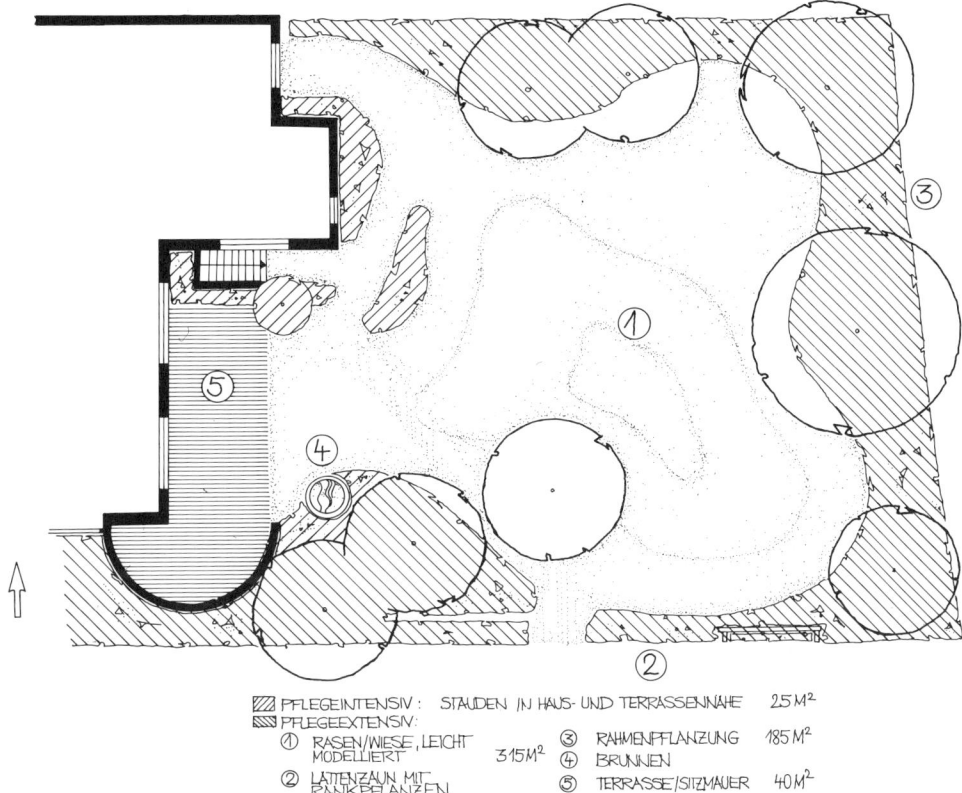

PFLEGEINTENSIV: STAUDEN IN HAUS- UND TERRASSENNÄHE   25 M²
PFLEGEEXTENSIV:
① RASEN/WIESE, LEICHT MODELLIERT   315 M²
② LATTENZAUN MIT RANKPFLANZEN
③ RAHMENPFLANZUNG   185 M²
④ BRUNNEN
⑤ TERRASSE/SITZMAUER   40 M²

56 Die kleinflächigen, pflegeintensiven Staudenpflanzungen befinden sich nahe an der Terrasse - weite, leicht modellierte Rasenflächen schaffen Großzügigkeit im Garten.

BEISPIELE VON PFLANZUNGEN OHNE ANSPRUCHSVOLLE PFLEGE

Wiederum gilt, daß es Pflanzungen ohne jede Pflege nicht gibt. Anhand von ausgewählten Beispielen sollen ohne Anspruch auf Vollständigkeit mögliche Pflanzkombinationen aufgezeigt werden, die die Gartenpflege auf ein Minimum beschränken.

DER EINFACH ZU PFLEGENDE GARTEN IM FRÜHJAHR

Die ersten Frühlingsboten erscheinen »von selbst«. Schneeglöckchen, Märzenbecher, Blaustern, Krokus-Arten, Winterling und andere Zwiebel- und Knollengewächse breiten sich im lichten Schatten unter Gehölzen weitflächig aus. Sie vermehren sich durch Selbstaussaat und beleben nach der Winterruhe den Garten mit den Farben Weiß, Gelb und Blau.
Auch nach dem Verblühen bilden z.B. Schneeglöckchen, bis sie endgültig im Boden eingezogen sind, durch ihre hellgrünen Blätter einen dankbaren Bodendecker.
Narzissen kommen entweder als Pulks in der Wiese oder unter lockerem Birkenbestand besonders schön zur Geltung. Es lassen sich aber auch monotone immergrüne Cotoneasterflächen mit den Gelb-, Weiß- und Orangetönen der langstieligen Narzissenarten auflockern.
Um die Pracht der Frühlingsgeophyten möglichst lang zu demonstrieren, sollten frühe, mittel- bis spätblühende Arten verwendet werden. Auf der bemoosten Tuffsteintreppe erscheinen jedes Frühjahr ohne irgendeine Pflege hellgrüne Farnwedel und weiß- bis rosafarbene Christrosen.
Im April/Mai bilden Bestände von Waldmeister oder Buschwindröschen in Buchenhainen bzw. lichten Gehölzbeständen eine geschlossene Bodendecke.
Die Wiesen zeigen ihren weißen und gelben Farbaspekt in Gestalt von Gänseblümchen, Ehrenpreis und Löwenzahn.
Nicht zu vergessen sind alle frühjahrsblühenden Sträucher, die erste Farbtöne durch ihre

57 Narzissen am Rande der Wiese.

hellgrünen Zweige sowie ihre Blütenpracht in den Garten bringen.

BLUMENZWIEBELN, DIE SICH ZUR VERWILDERUNG EIGNEN UND KEINER PFLEGEMASSNAHMEN BEDÜRFEN:[12]

Chionodoxa sardensis	- Schneestolz
Crocus tommasinianus und andere Krokus-Arten	- Krokus
Eranthis hyemalis	- Winterling
Fritillaria meleagris	- Schachbrettblume oder Kiebitzei
Galanthus nivalis	- Schneeglöckchen
Leucojum vernum	- Märzenbecher
Ornithogalum umbellatum	- Milchstern
Puschkinia scilloides	- Puschkinie
Scilla sibirica	- Blaustern

PFLEGEEINFACHE PFLANZUNGEN -
DAS GANZE JAHR HINDURCH

*58   Leuchtend weiße
Tulpen als Frühlingsboten
kommen vor dunkelgrünem
Hintergrund gut zur Wir-
kung.*

*59   Feuerrote Astilbe vor
Waldschmiele im Halb-
schatten.*

*60   Cotoneasterteppich im
Kiesbelag: Horizontale
Zierde mit geringer Mög-
lichkeit zu aufkommendem
Wildkrautwuchs.*

61   Auch Azaleen und
Rhododendren lassen in
großen, zusammenhängen-
den Beständen kaum noch
Wildkräuter aufkommen.

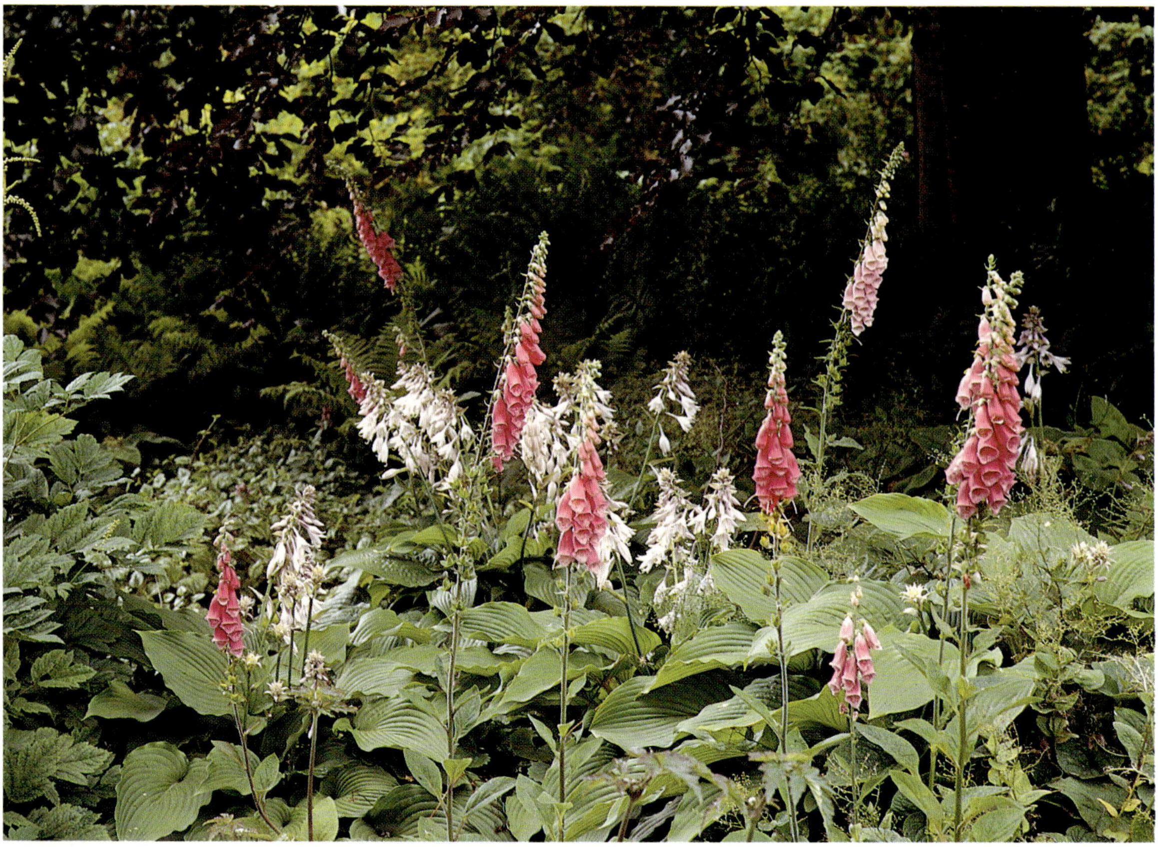

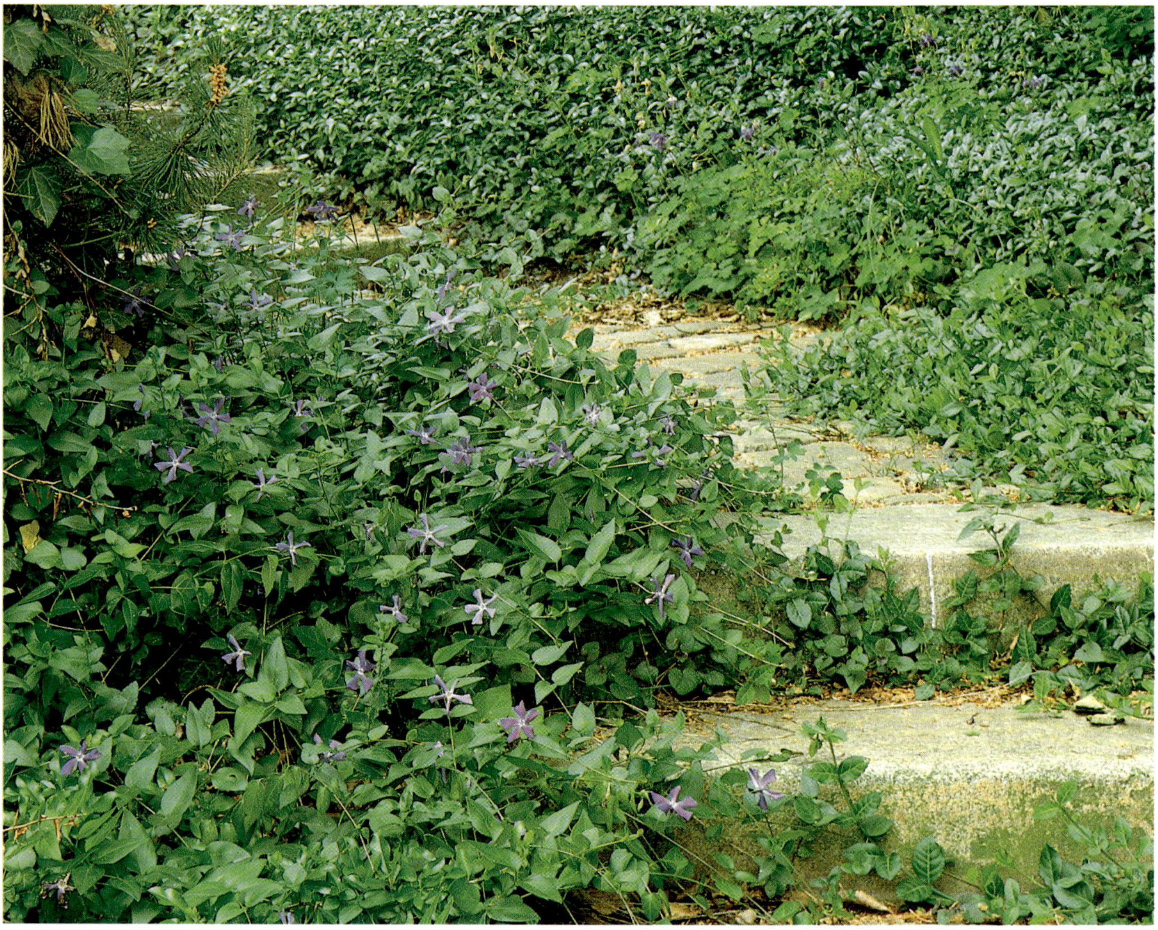

62   Fingerhut in Kombination mit Funkien.

63   Von Immergrün eingewachsene Granitblockstufen.

SCHLING- UND KLETTERPFLANZEN

Schling- und Kletterpflanzen beranken Wände, bilden grüne Pflanzendächer, beleben Architektur und verstecken Unschönheiten des Alltags. Neben der ästhetischen Wirkung geben sie an der Hausfassade Schutz gegen Regen und Wind, gegen Kälte im Winter und Wärme im Sommer; sie bieten Vögeln und Insekten einen willkommenen Lebensbereich.

Rankpflanzen benötigen wenig Pflanzfläche und verbessern die Luftqualität unserer Städte. Angst vor Mauerschaden bei selbstklimmenden Arten ist in der Regel unberechtigt, wenn die zu begrünende Wand in bautechnisch gutem Zustand ist.

Pflegemaßnahmen sind hinsichtlich des Nutzens solcher grünen Wände sehr gering. Sie beschränken sich auf das gelegentliche Zurechtschneiden bzw. Anbinden und Leiten unkontrolliert wachsender Triebe.

1. Arten für Spaliere oder Rankdrähte:[13]

Actinidia arguta	- Strahlengriffel
Aristolochia macrophylla	- Pfeifenwinde
Celastrus orbiculatus	- Baumwürger
Clematisarten und -sorten (ausgenommen der nicht schlingenden Art Clematis alpina)	- Waldrebe
Jasminum nudiflorum	- Echter Jasmin
Lonicera in Sorten	- Geißblatt, Jelängerjelieber
Rosa spec.	- Kletterrose
Wisteria sinensis	- Glycinie

2. Selbstklimmende Arten

Campsis radicans	- Trompetenwinde
Hedera helix	- Efeu
Hydrangea petiolaris	- Kletterhortensie
Parthenocissus tricuspidata »Veitchii«	- Wilder Wein

64   Kletterrosen an grazilen Rankbögen aus Eisen.

65   Eingang ins Haus - Ausgang in
den Garten: Die glycinienberankte
Hauswand bedarf kaum einer Pflege;
zugleich bietet die Pflanze der
Fassade Schutz.

66 Rankpflanzen als ästhetisches Erlebnis - außer gelegentlichem Formschneiden ist kaum Pflege erforderlich.

67 Grünes Zimmer im Freien - Wilder Wein gestaltet die Wände lebendig.

EINFACHE PFLEGEDETAILS IN STICHWORTEN

Piktogramme in Kombination mit Kurztexten sollen im folgenden einfache Pflegedetails erläutern. Ohne Anspruch auf Vollständigkeit werden ganz unterschiedliche Aspekte der Pflegeerleichterung aufgeführt.

Ein berühmtes Beispiel stellt die Traufplatte am Übergang der Hausfassade in den Boden dar. Sie wird als Abschluß des angrenzenden Rasens verlegt, um ein perfektes Rasenmähen bis an das Haus zu gewährleisten, ohne daß ein einziger Grashalm stehen bleiben könnte, bzw. mit der Sichel im nachhinein bückenderweise entfernt werden müßte.

Die Methode erscheint praktisch, ist aber in der heutigen Zeit kaum wünschenswert oder empfehlenswert.

Wieviel lebendiger und ökologischer ist an dieser Stelle ein Rollkies- oder Bachkieselstreifen, an den man nicht so korrekt hinmähen kann, dafür aber ein Grasbüschel ungeschoren am Übergang zum Haus verbleiben darf.

Was im Falle »Traufplatte« Langeweile hervorruft, erhält im Falle »Kiesstreifen« Leben und Ökologie im Garten.

Immer wieder hängen Pflege und Gestalt eines Gartens mit der Einstellung des Gartenliebhabers zusammen:

Viel Pflege kann sich derjenige ersparen, der mit entsprechender Großzügigkeit, Weitblick und Verständnis für die Ökologie an die Arbeit geht.

68 In großen Gärten können Schafe oder Kühe helfen, das Gras niedrig zu halten.

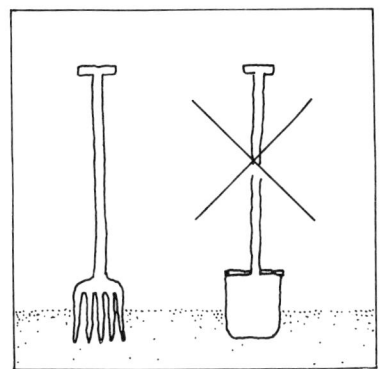

Bearbeitung der Pflanzflächen mit Gabel statt Spaten

Bodenlockerung ist besser für Bodenleben und als Arbeitsgang leichter auszuführen.

Stufenaufbau einer Gehölz-vorpflanzung:
Baum 1. Ordnung,
Baum 2. Ordnung,
Sträucher, Stauden, Kräuter,
Zwiebeln, Rasen/Wiese.
(Schemaschnitt)

Hemmung des Wildkraut-wuchses durch Dichte und Dunkelheit im Schatten.

Neuanlage einer Gehölzpflan-zung (Schnitt)

Stroh oder Rindenmulche hel-fen, das Unkraut in den ersten Jahren der Neupflanzung zu-rückzuhalten (Auftrag ca. 10 cm, bei Bedarf später 2 cm nachschütten).

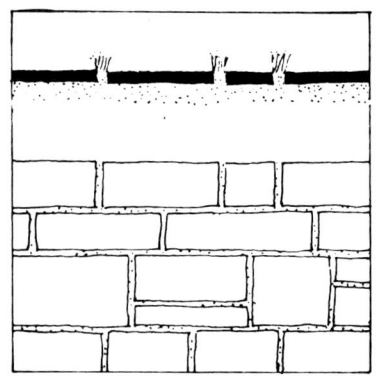

Plattenbelag mit Rasenfuge
(Schnitt und Grundriß)

Die Platten sollten etwas tiefer
als die Rasenfugen und der
anschließende Rasen liegen,
damit ein flächiges Über-
mähen des Belages möglich
ist.

Rasen unmittelbar am Haus

Zwischen Rasenanschluß und
Hausfuß kann eine Traufplatte
das saubere Mähen erleichtern.

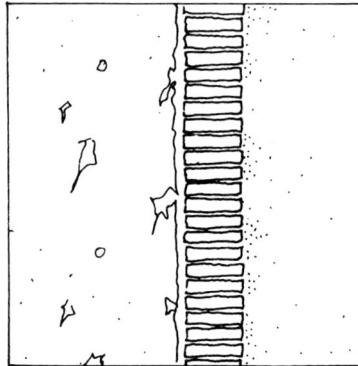

Trennung von Rasen- und
Pflanzfläche durch Klinker-
Rollschicht.
(Grundriß)

Sauberes Mähen sowie Hem-
mung unkontrollierter Pflanzenausbreitung.

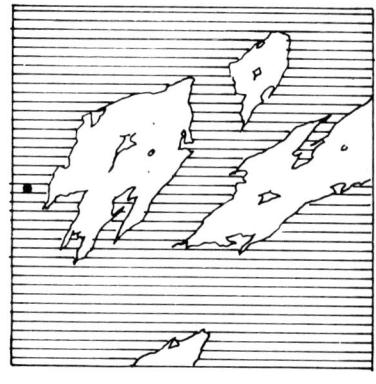

Pflanzinsel innerhalb des Belages.
(Grundriß)

Hemmung nicht kontrollierter Pflanzenausbreitung und Pflege in überschaubarem Maß.

Rasenmäher

Bei kleineren Flächen bis ca. 800 m² eignen sich elektrische Mäher, bei größeren mit Benzin betriebene Motormäher. Rotierende Mäher sind langlebiger als Balkenmäher. Letztere sind für Wiesen und größere Grundstücke gedacht. Es gibt auch rotierende Mäher mit einstellbarer Schnitthöhe, die für Wiesen sehr empfehlenswert sind. Selbstfahrende Mäher erleichtern die Arbeit bei größeren Flächen, ebenso Kleintraktoren.
Es ist zu beachten, daß bei nur zweimal jährlicher Mahd das Mähgut abgerecht und entfernt werden muß. Bei häufigerer Mahd kann es entweder liegenbleiben oder bei besonderem Anspruch eines perfekten Rasens in einem am Mäher befestigten Auffangbehälter aufgesammelt werden. Beratung bei der Typenauswahl durch Veröffentlichungen der Stiftung Warentest.

Kompost im Garten

Verschiedene Systeme sind
im Handel, die zur schnelleren
Kompostgewinnung vor allem
luftdurchlässig sein müssen:
Holzsteckelemente, Gitterkon-
struktionen, Solarkomposter,
Selbstbaukästen...
Beratung durch einen Gartenbauverein, Gartenfachberater
im Landratsamt, Gartencenter
oder Umweltladen.
Der Kompostplatz sollte in
Küchennähe liegen, außer-
dem im Schatten. Stets muß
eine Verbindung zum Unter-
boden bestehen, damit Re-
genwürmer einwandern kön-
nen.

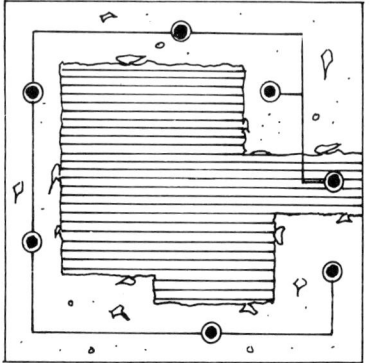

Automatische Bewässerungsanlage (Grundriß)

Erspart Gießen im Alltag und
im Urlaub

Wässern im Garten

Es sollten ausreichend Wasserhähne oder Unterflurhydranten eingeplant werden, um nicht zu große Entfernungen mit dem Schlauch überbrücken oder mit der Gießkanne laufen zu müssen.

Wasservorrat

Um Wasser zu sparen, kann das Dachwasser über die Dachrinne in ein Holzfaß geleitet werden. Der Überlauf kann bei großen Regengüssen mit einer Sickergrube geregelt werden. Umschaltbare Regenrinnenanschlüsse lassen das Regenwasser auch bei Überschuß in der Tonne wieder in die Kanalisation laufen.

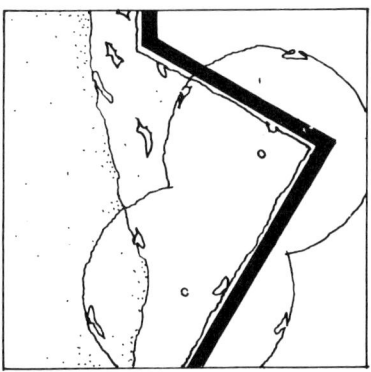

Bodendecker im toten Gartenwinkel (Grundriß)

Geschlossene Bodendecke in Winkeln und Ecken des Gartens, in die man nur mühsam mit dem Rasenmäher gelangt.

Ranker und Schlinger am Spalier (Ansicht)

Ein Rückschnitt erübrigt sich, da die Pflanzen entsprechend der Rankkonstruktionen wachsen. Wärmeisolierung. Kein Mauerschaden, da Abstand von der Hauswand.

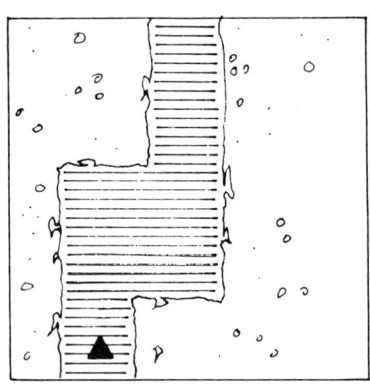

Holzsteg durch Schilfpflanzung (Grundriß)

Landschaftserlebnis im Garten ohne Pflegeaufwand

Topfpflanzentransport

Bei vielen Topfpflanzen lohnt sich ein einfacher Eisenring mit Griffen, an denen sich zu zweit die schweren Gefäße leichter tragen lassen.

Hecken

Die frei wachsende Hecke ist pflegeeinfacher als die geschnittene Hecke. Langsam wachsende Arten wie z.B. Eibe müssen seltener geschnitten werden. Die elektrische Heckenschere bedeutet gegenüber der mechanischen Schere eine bedeutende Pflegeerleichterung.

Pflegeeinfacher Zaun

Bei genügend Platz kann in die Gehölzpflanzung ein Maschendrahtzaun integriert werden; er kann auch als Rankhilfe für schnellwachsende Kletterer dienen. Engmaschige Spezialgitter, die im Boden eingelassen sind, schützen vor Kaninchen. Unbehandelte Holzzäune sind pflegeeinfacher als gestrichene, die nach zwei Jahren unansehnlich werden. Zur Haltbarkeit von Holzzäunen gibt es (auch umweltverträgliche) Imprägnierungsmittel und Lasuren.

GARTENBEISPIELE

70   Von dem zwischen den
Wohnräumen liegenden
Wintergarten schreitet man
in den Rasensenkgarten.

GARTENTEILE ALS RAUMERLEBNIS

Minimierung des Pflegeaufwandes durch Staudenunterpflanzung und richtige Zuordnung der Gartenräume

Der Garten einer Arztfamilie mit vier Kindern stellt vom gestalterischen Konzept wie vom Pflegeaufwand her einen einfachen Garten dar. Vielfältige Gartenteile fügen sich zu unterschiedlichen Erlebnisräumen zusammen.
Trotz einer minimalen Grundstücksfläche von 580 m² und einer Gartenfläche von 380 m² wird der Garten privat-familiären, aber auch gesellschaftlichen Ansprüchen gerecht. Durch eine enge Zusammenarbeit zwischen Architekt und Landschaftsarchitekt ist es gelungen, den Wohnräumen im Haus ähnlich intensiv genutzte Gartenräume zuzuordnen, die sich von Belichtung, Pflanzengestalt und Stimmung unterscheiden.
Während sich die Nord- und Ostflügel des Wintergartens in einer Geräte- und Fahrradhalle bzw. einer offenen Garage fortsetzen, gehen die beiden Hauptwohnräume im Freien in Pergolen über, wobei die eine mit Glycinien bewachsen und die andere von einem übergehängten, weißen Stoffvorhang charakterisiert ist. Neben diesen zwei Hauptterrassen, die sich zu einem Rasen-Senkhof mit Frischwasserbrunnen orientieren, liegen in Südwest-Nordostrichtung weitere, intensiv nutzbare Gartenflächen: die zum Eßplatz im Haus orientierte Mittelterrasse und der Küchen- und Wirtschaftshof als Arbeits- und Frühstücksplatz.
Die Kinder erhalten ihre Spielecke im Nordwesten des Grundstücks.
Schließlich sorgt ein offener Eingangsbereich gleich einem Vorhof für großzügige und freundliche Atmosphäre bei Begrüßung und Abschied. Dieser Platz kann auch von den Kindern zum Rollerfahren oder Tischtennis benutzt werden.

Die Bepflanzung ist sehr einfach gehalten. Eine Platane überstellt den Eingangshof und sorgt für ein reizvolles Licht- und Schattenspiel auf der im Fischgrätmuster verlegten Klinkerfläche. Kletterpflanzen beleben ohne aufwendige Pflege Wände und Mauern.
Felsenbirne, Japanische Kirschen, Zieräpfel, Kornelkirsche, Zaubernuß, Kerrien und Duftschneeball bilden blühende Farbakzente im Garten.
Vor allem aber stellen Stauden und bodendeckende Gehölze, wie Waldsteinia, Immergrün, Dickanthere, Efeublume und Efeu - gemischt gepflanzt - eine absolut dichte Unterpflanzung der Gehölze dar.
Der Landschaftsarchitekt bestärkt die Auffassung, »daß durch konsequente Staudenunterpflanzung keine Bodenbearbeitung nötig ist und damit die Pflege auf ein Minimum reduziert wird«.[14] Auch auf die »pflegeleichten« Geophyten im Frühjahr wie z.B. Schneeglöckchen oder Winterling, die nach ihrer Blüte von selbst einziehen, ist in diesem Garten nicht verzichtet.

Bei einem durch das Verhältnis von Vegetationsflächen und befestigten Flächen hohen Nutzungsgrad der Gesamtgartenfläche stimmt auch das Verhältnis von Pflegearbeit zu Freude und Nutzen am Garten.

Flächenbilanz:

Haus inkl. Nebengebäuden	200 m²
Garten	380 m²
Terrassen, Wege, Vorhof, Spielplatz	170 m²
Pflanzfläche	150 m²
Rasenfläche	60 m²
Grundstücksfläche	580 m²

Planung: Peter Kluska, München
Architekt: Adolf Schnierle, München

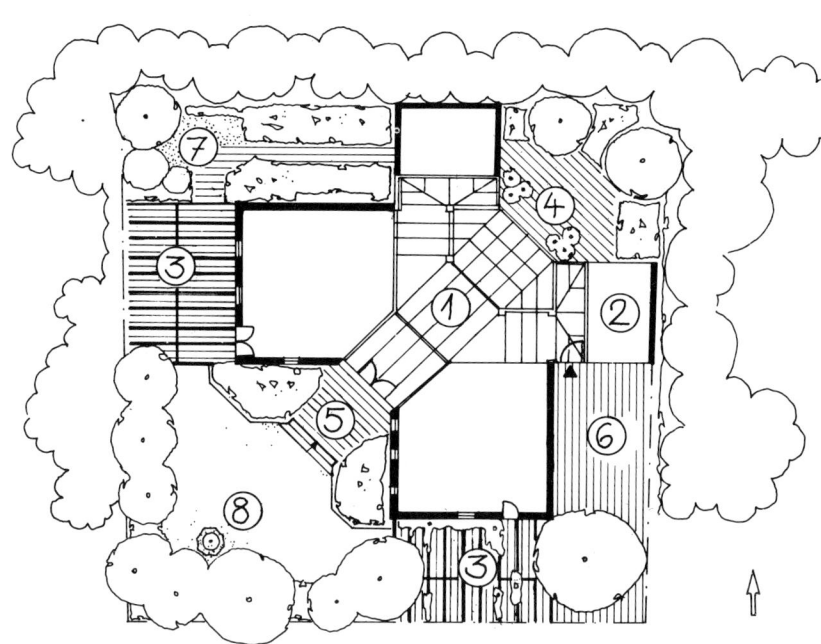

1. WINTERGARTEN
2. OFFENE GARAGE
3. TERRASSE
4. KÜCHENTERRASSE
5. ESSPLATZ
6. VORHOF
7. SANDSPIEL
8. BRUNNEN

71   Vorhof mit Hausbaum
und Klinkerbelag im Fisch-
grätverband.

72   Idylle im Küchengarten.

73   Wohnhaus und Garten
gehen ineinander über.

74   Brunnen als Blickpunkt
von allen Terrassen.

75 Sitzplatz auf der Süd-
terrasse unter weißem
Stoffvorhang.

76   Glaspavillon über
Farnteppich am schilfum-
gebenen Teich - Terrasse
aus edlen Natursteinplatten
im Vordergrund.

EINFACH KOMPLIZIERT

Ein Garten mit hohem gestalterischen
Anspruch und einfacher Pflanzenverwendung

① TERRASSE
② FUSSWEG ZUM 'BOSCO'
③ TEICH MIT SEEROSEN
④ GLÄSERNER PAVILLION
   (AUSGEFÜHRT AM TEICHRAND)
⑤ BRUNNEN
⑥ MARMORGERINNE
⑦ WIESE
⑧ KIESPLATZ

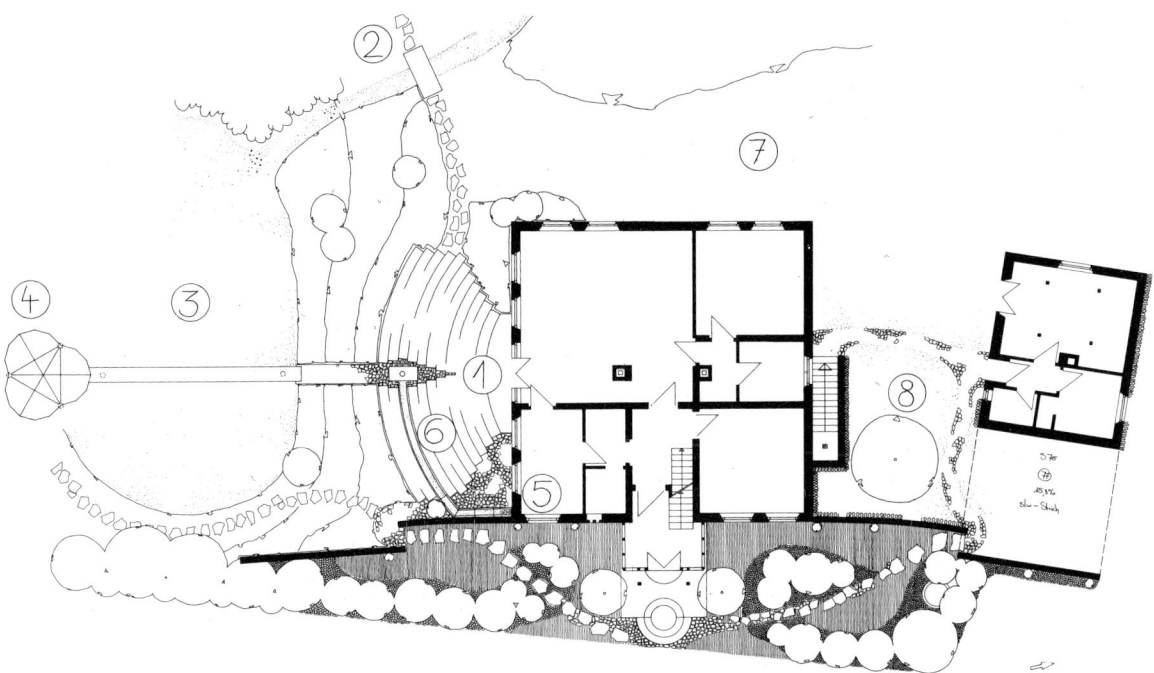

Der Garten zeigt eine neuzeitliche Konzeption axialer Bezüge und räumlicher Verflechtungen, die auf der Tradition italienischer Villengärten aus dem 18. Jahrhundert beruht. Charakter und Großzügigkeit der anspruchsvollen Anlagen werden auf heute bescheidenerem Grundstück mit wenigen Gestaltungselementen imitiert oder neu erlebbar gemacht. Die Einfachheit der Gestaltung führt zur überzeugenden und vor allem langlebigen Gartenlösung.

Das Gartenerlebnis beginnt im Vorgarten. Seitlich des zentralen Einganges erstrecken sich niedrige Pflanzungen von Immergrün und Astilben - gemischt gepflanzt -, die zu verschiedenen Jahreszeiten für Höhepunkte sorgen. Zu dem immergrünen Aspekt das ganze Jahr hindurch gesellt sich die blaue Blüte des Immergrüns im Frühjahr und das zur Hausfarbe passende Dunkelrot der Astilben im Juni/ Juli.

Die geschlossene Bodendecke erfordert in dem zur Straße orientierten Gartenteil nahezu keine Pflege. Zwei japanische Kirschen betonen in ihrer vertikalen Wirkung den Eingang.

Beim Eintritt in den zentralen Hausbereich bildet eine Kaminbank den Ausgangspunkt für die Hauptblickachse in den Garten. Der Blick über die Natursteinterrasse und den Teich endet im Grün der gartenbegrenzenden Gehölze; auf einen Endpunkt im traditionellen Sinn in Form einer Skulptur, Statue oder Säule ist bewußt verzichtet. Dafür sorgt seitlich der Blickachse ein gläserner Pavillon für Spannung im Garten, der sich über einem Farnteppich und umgebenden Schilfpflanzungen emporhebt und einen Gefühlszustand des »Schwebens über dem Wasser« empfinden läßt. Der Pavillon steht in funktionalem Zusammenhang mit einem rückliegenden Gartenplatz unter Bäumen. Der von bodenständigen Gehölzen, Schilf und Weiden umgebene Teich ist einseitig zu umgehen.

Die Natürlichkeit der Gartenlandschaft wird gesteigert durch detaillierte Perfektion in der Gestaltung der Terrassenfläche aus teils vorhandenen, teils vom Hausbau übrig gebliebenen Natursteinmaterialien.

Zusätzlich belebt ein Marmorgerinne - ausgehend von einem seitlich der Terrasse befindlichen Brunnen - den in flachen Segmentbögen gestalteten Belag; dieses mündet in frei geführten Formen über Steintreppen in den Teich. Das Wasser rinnt - entsprechend der Gartenidee - leise am Sitzplatz vorbei und speist den Teich zusätzlich mit Regenwasser. Der Anspruch von Stille führt zu Einfachheit und Zufriedenheit.

Pflegeanregungen zum Thema Teich

Ein Teich ist nur dann pflegeeinfach, wenn das ökologische Gleichgewicht stimmt. Dies stellt sich durch richtige Pflanzenauswahl, im wesentlichen aber auch durch die Kleintierwelt, Unterwasser- und Schwimmpflanzen ein.

Auch hier gilt, von der Natur zu lernen und die natürlichen Vorgänge auf den Gartenteich zu übertragen. Chemische oder künstliche Mittel gegen Algenwuchs oder Wasserblüte helfen wenig. Bilden sich Algen, so ist dies meist auf Überdüngung zurückzuführen.

Zahlreiche Pflanzen- und Tierarten bewirken Wunder bei Schwierigkeiten im biologischen Gleichgewicht:[15]

Ceratophyllum demersum - Hornkraut
Elodea canadensis - Wasserpest
Nitella flexilis - Armleuchteralge
Potamogeton crispus - Laichkraut

Folgende Arten entziehen Nährstoffe mit Hilfe von Wurzeln oder Unterwasserblättern (Wasserreinigung) und bilden Schatten, soweit die Bestände nicht wuchern und das Wasser sich nicht mehr natürlich erwärmen kann.

Hydrocharis morsus-ranae - Froschbiß
Nymphaea-Sorten - Seerosen
Nymphoides peltata - Seekanne
Trapa natans - Wassernuß

Folgende Tierarten unterstützen die Reinigung des Wassers und helfen gegen Stechmücken:

Carassius carassius - Karausche
Carassius gibelio »Aureus« - Goldfisch
Cyprinus carpio - Karpfen
Idus idus »Aureus« - Goldorfe
Roseus amarus - Bitterling

Flächenbilanz:

Wege- und Platzfläche	105 m^2
Wiese	180 m^2
Teichrandzone (pflegeextensiv)	80 m^2
Vorgartenpflanzung (pflegeextensiv)	85 m^2
Gesamtgartenfläche:	450 m^2

Planung: Wolfgang H. Niemeyer, München mit Architekt Wolf-Eckart Lüps, Utting

78 Wohn- und Bürohaus mit Teich.

79 Detail: Eine Wasserrinne im Plattenbelag führt vom Wandbrunnen bis in den Teich - lebendige Gestaltung ohne Pflegeaufwand.

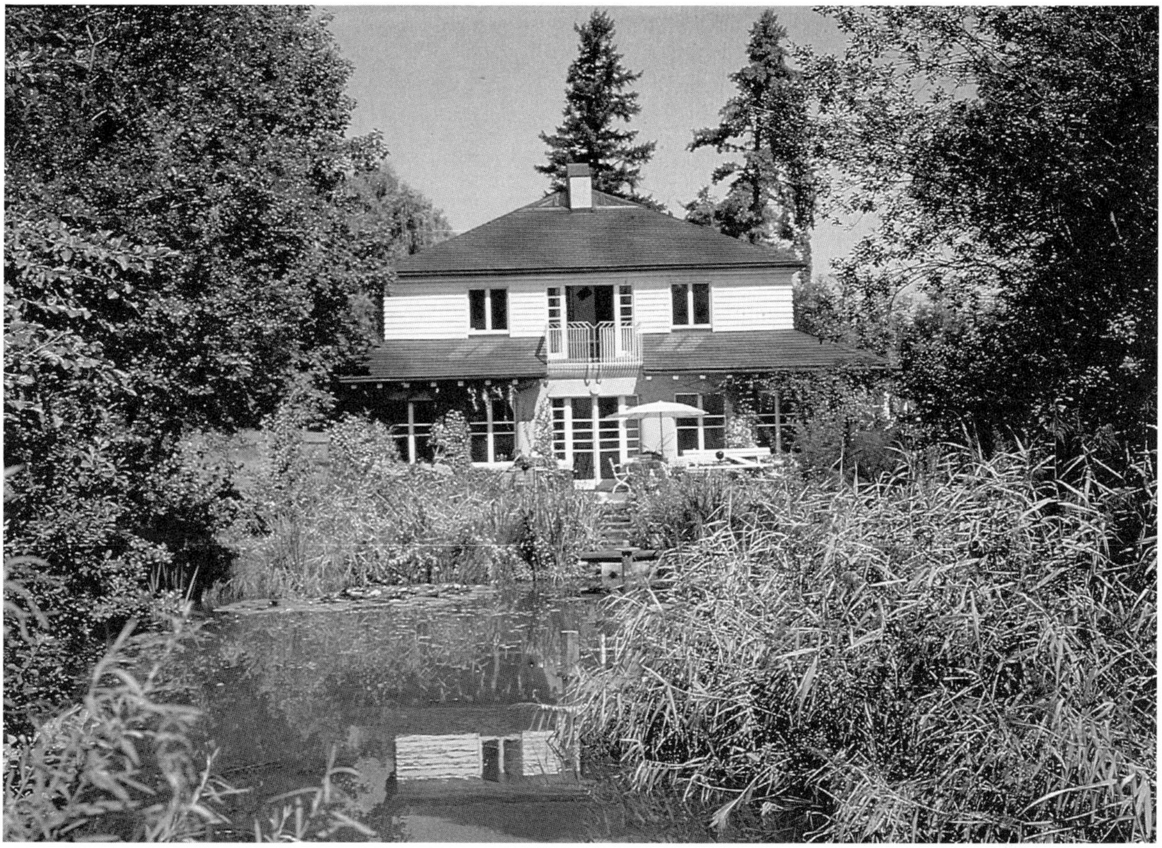

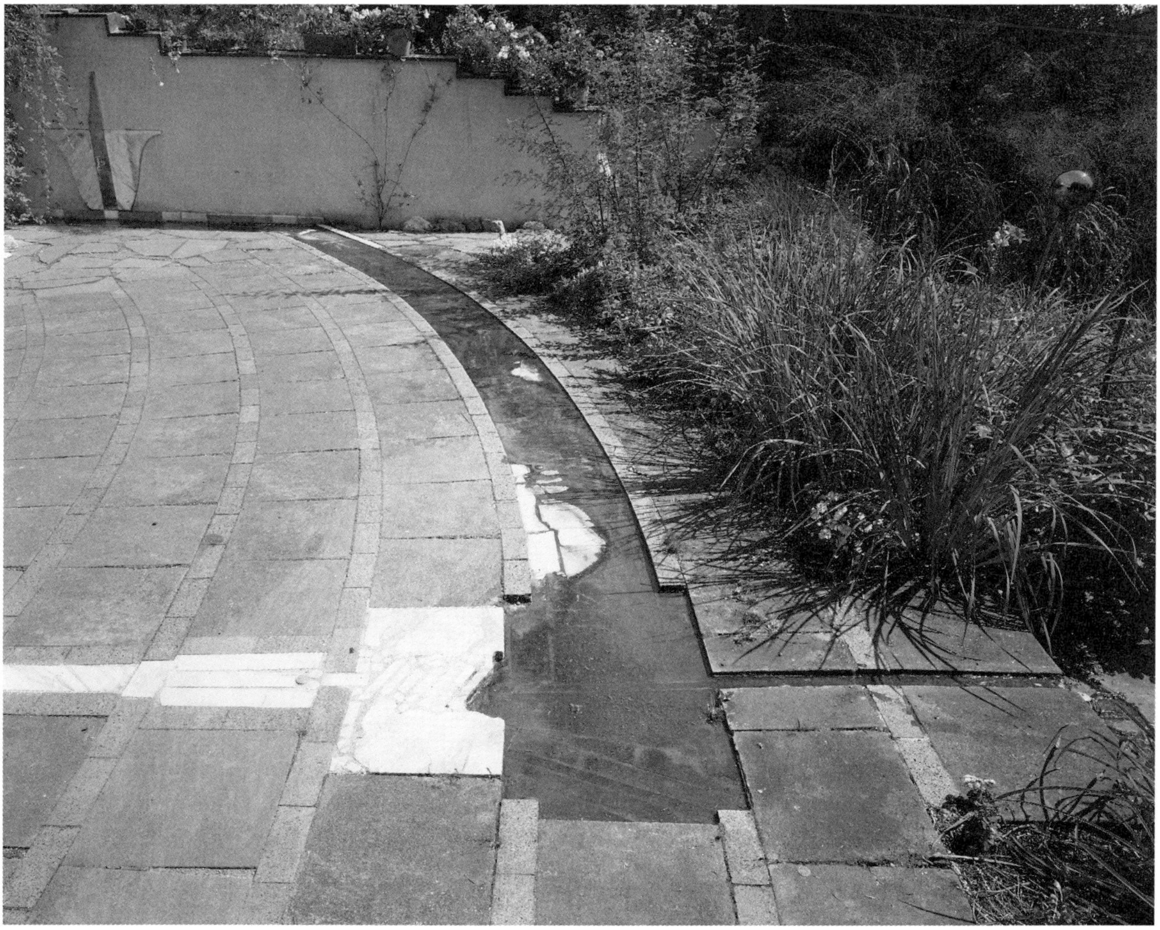

81   Zwei Buchskugeln bilden Akzente im kreisförmigen Kiesparterre.

82   Plätscherndes Wasser belebt die Stille des Ortes.

GARTENHOF IN DER STADT

Abhängigkeit von Gestaltung und Pflege

Die Qualität des Entwurfes liegt in gut proportionierten Grundformen, die sich zu einem interessanten Gesamtkunstwerk zusammenfügen.

Quadratische Grauwackeplatten zieren - mit Kreuzfuge verlegt - die rechteckige Terrasse unmittelbar am Haus. Von dieser gelangt man über zwei Stufen des gleichen Materials auf den geringfügig tiefergelegenen kreisförmigen Kiesplatz, der von niedriger, bodendeckender Bepflanzung, vor allem Schattengrün, umgeben ist.

Von der hausnahen Terrasse schaut man über die ruhige Kiesfläche auf einen niedrigen Wandbrunnen aus holländischem Klinker, der die Stimmung im Garten gestalterisch wie akustisch bereichert.

Vier quadratische Hochbeete aus Klinker sorgen für einen stimmigen Übergang des Kies-Senkgartens zu den den Gartenhof abschließenden Ziegelmauern. Während die Mauern des Hofes platzsparend berankt sind, bilden in den Hochbeeten gelb blühende Rhododendren, Schlitzahorn und breitwachsender japanischer Schneeball, unterpflanzt von niedrigen japanischen Azaleen, markante Punkte. Das ausgewogene Raumgefühl wird noch gesteigert durch zwei höhenmäßig gestaffelte Buchskugeln inmitten des Kiesparterres.

Solch akkurates Gartendesign verlangt nach perfekter Pflege. Dennoch schließen die durchgehend dichten Pflanzenbestände eine intensive Pflege aus. Neben dem gelegentlichen Säubern der Kiesfläche, die von einer Grauwackepflasterzeile als Abgrenzung zu den Pflanzflächen eingefaßt ist, müssen die Buchskugeln hinsichtlich ihrer Wirkung sauber geschnitten sowie die Kletter- und Rankpflanzen angebunden und in ihrem Flächenwachstum kontrolliert werden.

Der Garten strahlt in seinen einfachen Formen und Grünelementen Ruhe aus. Er verbreitet unter Verzicht auf bunte und pflegeintensive Pflanzenvielfalt Sinnlichkeit in der umgebenden Hektik des Stadtlebens.

① WANDBRUNNEN AUS KLINKER
② KIESPLATZ MIT BUCHS-
   KUGELN
③ TERRASSE AUS GRAU-
   WACKEPLATTEN

Flächenbilanz:

Befestigte Fläche	55 m²
Pflanzfläche	32 m²
Gesamtgartenfläche:	87 m²

Planung: Horst Schümmelfeder, Düsseldorf

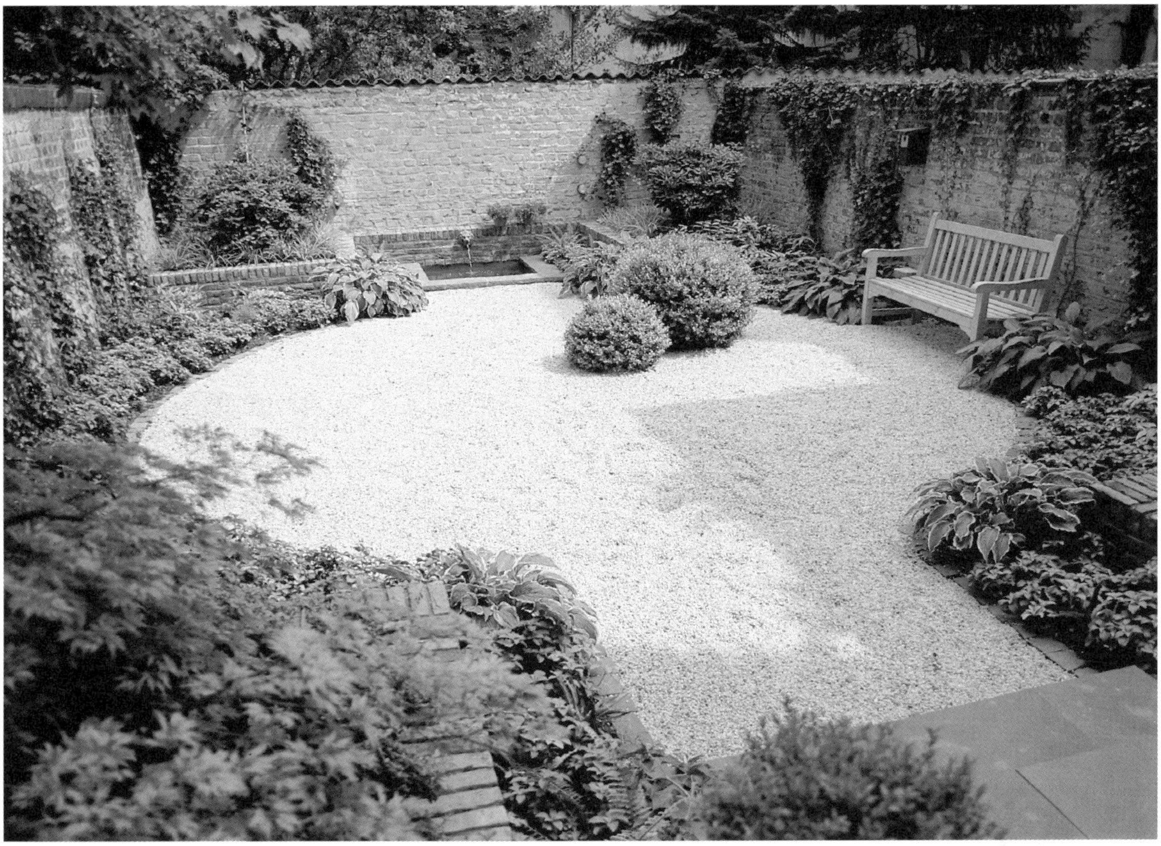

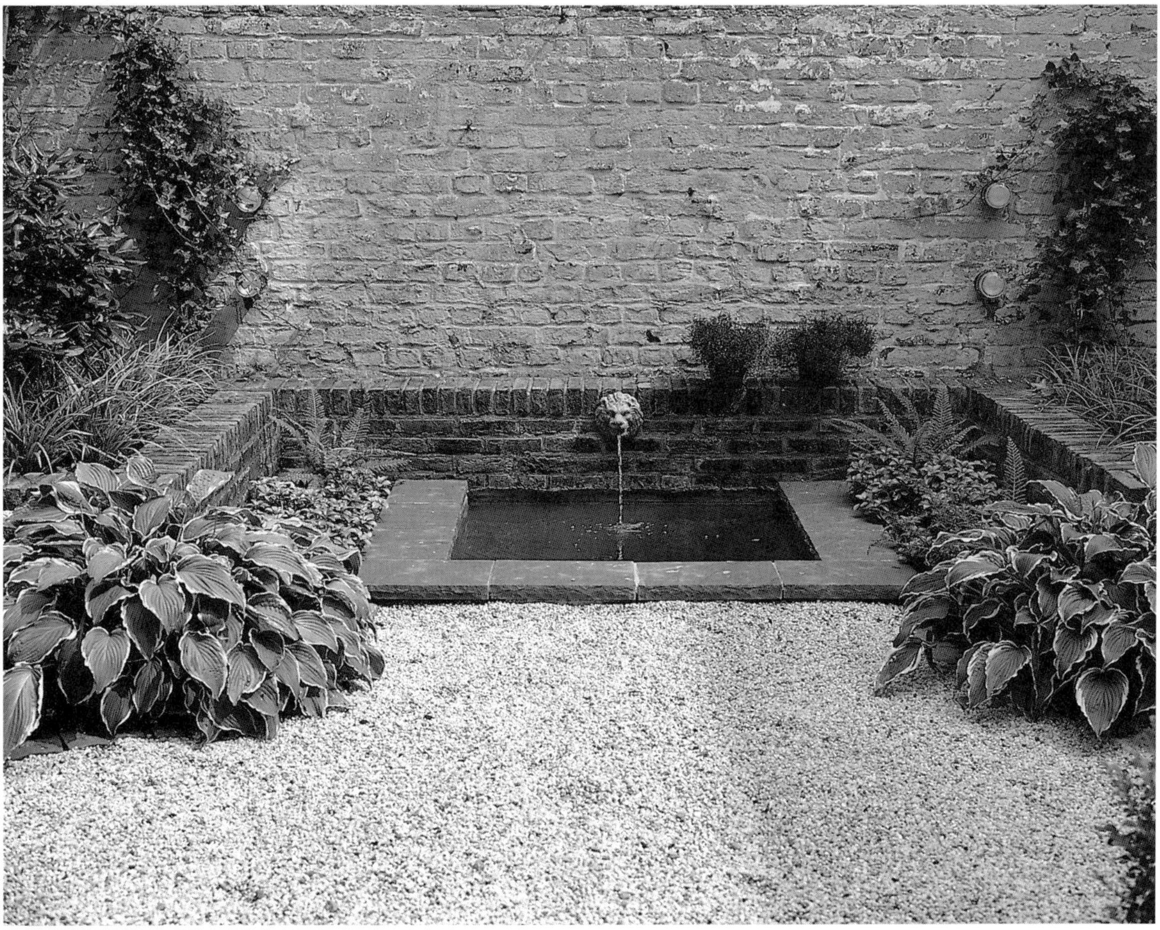

GESTALTETES OVAL
IM RECHTECKIGEN GARTEN

Pflege zur Erhaltung der geplanten Geometrie

Von der über drei Stufen zu erreichenden, quadratischen Klinkerterrasse blickt der Gartenbesitzer über ein ovales Kiesparterre hinweg, das an einer Längsseite von einem einfachen Segmentbogen als Brunnenbecken geschnitten wird.

Der Gartengrundriß ist rechteckig. Berankte Ziegelmauern begrenzen den signifikanten Raum. Mit Ausnahme von zwei Buchskugeln ist die Bepflanzung niedrig gehalten. Das Oval als Zentrum des Gartens ist dekoriert mit wenigen Topfpflanzen und unterschiedlich großen Steinkugeln. Auch ein Stuhl kann Platz finden in dem Arrangement von lebender und toter Materie.

Die spannungsreiche Entwurfsidee läßt an eine neuzeitliche Auffassung des historischen Gartenparterres denken. Durch klare geometrische Grundformen ist die Planungsabsicht schnell ablesbar und verständlich. Die Pflanzflächen sind von der Pflege her als verbleibende Flächen zwischen den geplanten geometrischen Grundformen und der rechteckigen Gartenbegrenzung überschaubar.

Sicher ist der Garten um so überzeugender, je perfekter die Pflege durchgeführt ist.

Buchskugeln müssen geschnitten, die Kiesfläche von Wildkräutern freigehalten und Stauden zurückgeschnitten werden. Die Form des Gartens muß durch die Pflege erhalten bleiben. Wer solch ein Gartenkonzept favorisiert, wird die anstehenden Arbeiten in der Abhängigkeit von Gestaltung und Pflege akzeptieren.

Flächenbilanz:

Befestigte Fläche	80 m²
Pflanzfläche	37 m²
Gesamtgartenfläche	117 m²

Planung: Horst Schümmelfeder, Düsseldorf

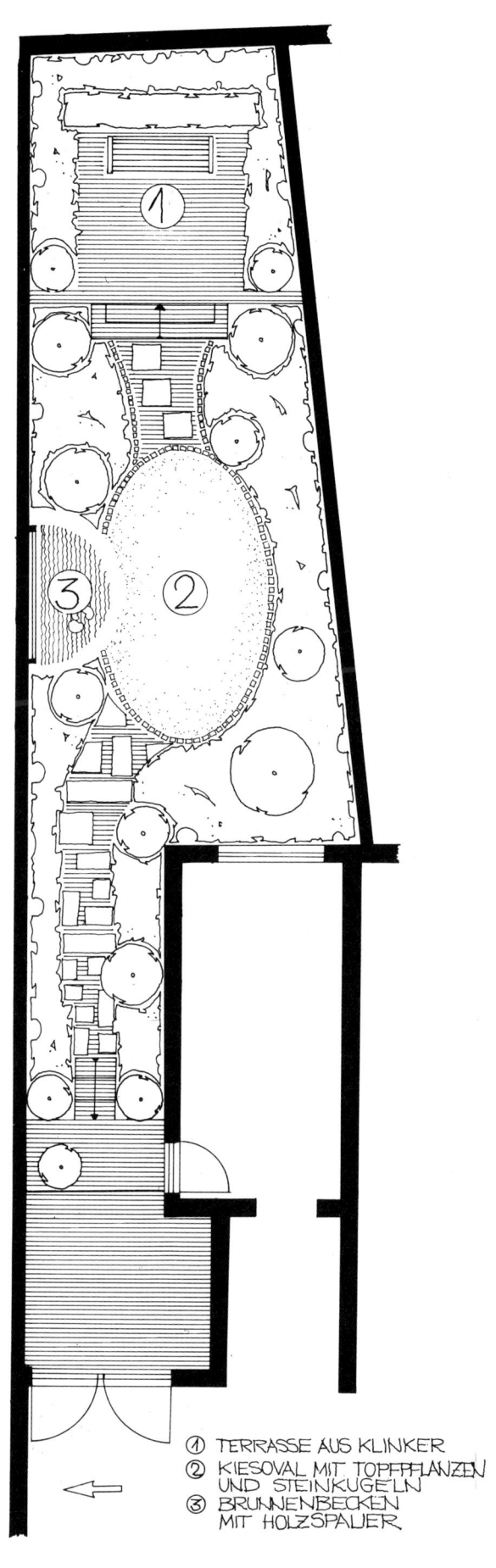

① TERRASSE AUS KLINKER
② KIESOVAL MIT TOPFPFLANZEN UND STEINKUGELN
③ BRUNNENBECKEN MIT HOLZSPALIER

*84   Dekoriertes Kiesoval
als Gartenmitte.*

*85 Grüne Oase inmitten
der Stadt (siehe auch Titelbild).*

GARTENWELT UND LEBENSPHILOSOPHIE

Minimierung des Pflegeaufwandes durch lokale Sorten und energetisches Gartenkonzept

Ein Garten ganz besonderer Art entsteht, wenn die Gartenwelt auf die Philosophie des darin lebenden und wirkenden »Gartenmenschen« abgestimmt ist.

Die Verwendung von lokalen Sorten wie Pfingstrosen und Phlox-Arten, die z.B. im Ammerseegebiet (Oberbayern) besonders mühelos wachsen, kann zu einem einfachen Garten führen. Flieder, Buchs und Christrosen wachsen in der entsprechenden Gegend so selbstverständlich und natürlich nebeneinander, daß das Thema »Pflege« zunächst nicht im Vordergrund steht. Während die Dalmatinerrose, die zur Rosenölherstellung verwendet wird, in einem alten Obstbaum verwachsen ist und jedes Jahr von neuem nach der Obstblüte die Rosenblüte folgen läßt, ohne daß irgendein Pflegegang zwischenzeitlich erforderlich wird, so gibt es in dem Garten auch keine »grellgelb« blühende Forsythie, die jeder hat, sondern eine viel »natürlicher« gelbblühende Zaubernuß.

Die Einfachheit der Gartenanlage beruht aber nicht nur auf lokalen Sorten, sondern auch auf einem den Gartenbesitzer stets beschäftigenden energetischen Aspekt: zahlreiche Baumaterialien oder Stoffe aus der naheliegenden Müllgrube wie Ziegel, Tuff, Steinbrocken sind in den Garten integriert. Aus den Ritzen, Zwickeln und Fugen von Terrassenbelägen, Tuffsteinmauern oder Dachziegelmäuerchen wachsen meist nur von selbst angeflogene Arten. Diese dürfen am ausgewählten Ort bestehen bleiben oder werden an passender Stelle angesiedelt.

Auch von Reisen werden Pflanzen oder Saatgut mitgebracht, die in den Ammerseegarten integriert werden.

Aus Kiesflächen sprießen Maiglöckchen. Einzelne geschnittene Buchskugeln sorgen für Symmetrie und Orientierung im Garten.

Rasen wird nicht angesät, sondern nur verpflanzt. Er ist im Vorgarten von selbst entstanden, nachdem nach Fertigstellung der Haussanierungsarbeiten lediglich der angesammelte Bauschutt als Bodensubstrat dort liegen gelassen wurde. Der Trockenrasen enthält eine Vielfalt von Wiesenarten wie z.B. Mohn, Margerite oder vereinzelte Königskerzen.

Viele Pflanzen im Garten sind Nutzpflanzen: so berankt Echter Wein eine Laube, aus der Kornelkirsche wird Marmelade hergestellt, Obstbäume werden abgeerntet, Löwenzahn, Brennnessel und Gänseblümchen als Salat verzehrt sowie Holunder und Schlehe zu Schnaps verarbeitet.

Der Garten ist somit auch hinsichtlich nutzbringender Pflanzen als einfach zu bezeichnen. Statt eines pflegeintensiven Gemüsegartens in Form eines eigenen Arbeitsbereiches wachsen Wildkräuter wie Thymian, Ysop oder auch Erdbeeren zwischen anderen Pflanzen im Garten.

Dennoch kann auch in solch einem Garten nicht auf Pflege verzichtet werden. Es gilt steuernd und regelnd in das von selbst Wachsende einzugreifen, wenn es erforderlich ist. Dies liegt im künstlerischen Ermessen des Besitzers.

Wie erklärt sich zu guter Letzt das energetische Gartenkonzept in Zusammenhang mit dem Kampf gegen den allerseits gehaßten Giersch? Er wird als Salat verzehrt!

Flächenbilanz:

Der Garten ist mit Ausnahme eines intensiv bearbeiteten Bauerngartens pflegeeinfach.

Planung: Dr. Ulrich und Monika Reinfeld, Herrsching

86   Mit Echtem Wein be-
rankte Holzlege in einem
ländlichen Garten - links
Dalmatinerrose im Obst-
baum verwachsen.

*87   Überall grünt es -
lediglich wo man täglich
ein- und ausgeht, führen
Platten mit bemoosten
Fugen unter den Kletter-
rosen hindurch.*

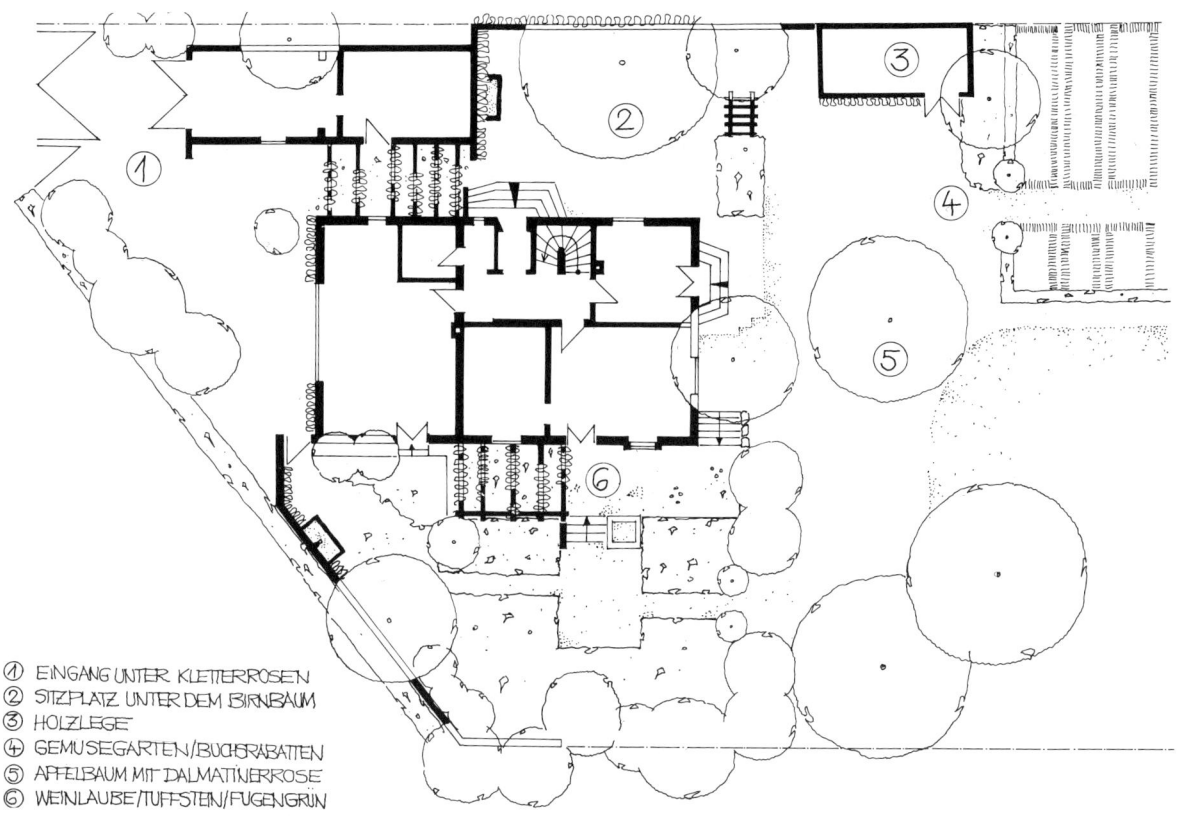

① EINGANG UNTER KLETTERROSEN
② SITZPLATZ UNTER DEM BIRNBAUM
③ HOLZLEGE
④ GEMÜSEGARTEN/BUCHSRABATTEN
⑤ APFELBAUM MIT DALMATINERROSE
⑥ WEINLAUBE/TUFFSTEIN/FUGENGRÜN

89 Gräser, Hortensien und Geißblatt schmücken den Vorhof zum Hauptgarten.

EIN GARTEN IN LÄNDLICHER UMGEBUNG

»Was paßt, wächst von alleine.«

Viel Arbeit läßt sich sparen, wenn der Garten in seinem Pflanzenkonzept nicht allzuweit von der Landschaft entfernt ist, die ihn umgibt. Wenn Pflanzen im Garten verwendet werden, die auch vor dem Zaun wachsen oder in der umgebenden Landschaft vorkommen, so kann man davon ausgehen: »Was paßt, wächst von alleine.«[16]

Der Garten zu einem am Ortsrand gebauten Einfamilienhaus ist von Gehölzen, Stauden, Rankpflanzen und Gräsern an die Dorfvegetation angepaßt.

Die das Dorfbild prägenden Obstbaumwiesen setzen sich im südlichen Grundstück fort. Heimische Bäume wie Esche, Ahorn oder Linde kehren im nahen Hausbereich wieder. Da die umgebende Feldflur von Vegetation total ausgeräumt ist, trägt die neugepflanzte Hecke aus Bäumen und Sträuchern nicht nur zum Sicht- und Windschutz des Gartens bei, sondern auch zur Aufwertung des Landschaftsbildes und der Ökologie.

Generell soll ein Garten in ländlicher Situation nicht nur dem Gartenbesitzer, sondern auch der Umgebung dienen.

Der dem Haus vorgelagerte Bauerngarten als separater eingezäunter Bereich mit Stauden, Beerensträuchern, Kräutern, Salaten, Gemüse und Sommerblumen - wie er im Dorf manchmal noch überliefert ist - fehlt hier. Er setzt eine hohe Pflegeintensität voraus, die im Gegensatz zu früher von der Bäuerin heute kaum noch aufgebracht wird. Dennoch empfängt den Ankommenden, sobald er unter den zwei Linden gleich einem einladenden Tor hindurchschreitet, linkerhand ein Beerengarten mit roten, weißen und schwarzen Johannisbeeren, Stachelbeeren und Himbeeren.

Man erreicht das Grundstück über einen ca. 80 m langen und 3 m breiten Schotterweg, der einem Feldweg gleicht - wie er am Ortsrand üblich ist. Entlang des Weges erstreckt sich eine heimische, dreireihige Gehölzpflanzung. Da die Straße nicht asphaltiert ist, kann das Niederschlagswasser auf natürlichem Wege ver-

sickern, der Boden bleibt unversiegelt, und am Rande sowie in der Mitte des ländlichen Weges, Flächen, die von Autorädern nicht befahren werden, kann sich eine vielfältige Spontanvegetation wie Löwenzahn, Wegerich, Klee usw. entwickeln.

Der Kiesbelag aus einer Schottertragschicht von 20 cm und einem 3 cm starken Split-Brechsandgemisch zieht sich bis an den Garagentrakt und bis an das Haus heran. Lediglich ein ca. 12 m2 großer Eingangsplatz und eine großzügige Terrasse über die Längsseite des Hauses sind mit Platten zur optimalen Wohnnutzung verlegt. Auch die ca. 1 m breiten Gartenwege sind wassergebundene Kiesschotterwege.

Von der Bepflanzung her sind die pflegeintensiveren Staudenbereiche leicht erreichbar unmittelbar am Haus, während die Randpflanzungen an der Grundstücksgrenze fast ausschließlich bodenständige Straucharten unter Baumgruppen oder Einzelbäumen darstellen.

Auch der Teich in der tieferliegenden Nordwestecke des Gartens ist von Form und Bepflanzung landschaftlich in die Umgebung eingebunden. Wasser- und Wasserrandpflanzen beleben entsprechend der natürlichen Uferzonierung den Teichrand und das Gartenerlebnis im nördlichen Grundstücksteil.

Treppenausgänge, Mauervorsprünge und Garagenwand sind berankt mit Efeu, Kletterhortensie, Geißblatt und Wildem Wein.

Hinter der Garage wächst - wie hinter der Scheune auf dem Bauernhof - der Holunder.

Schließlich gibt es in abgelegenen Gartenbereichen auch Flächen, die sich selbst überlassen werden, so daß sich die sogenannte Ruderalflora im Hausgarten einstellen kann.

Die Wiese im Umgriff des Hauses wurde auf aufgefülltem Unter- und Oberboden mit Gebrauchs- und Spielrasen angesät, während für die Ansaat der Obstwiese auf einer zuvor als Acker genutzten Fläche eine landwirtschaftliche Mischung verwendet wurde. Das Gebrauchsrasensaatgut enthält mehr trittfeste

① BEERENGARTEN
② TEICH
③ SCHOTTERWEG
④ OBSTWIESE
⑤ PFLANZEN ALS ÜBERGANG
   ZUR LANDSCHAFT

Flächenbilanz:

Wege- und Platzfläche (pflegeextensiv) 160 m²
Wiesenfläche (pflegeextensiv)   2800 m²
Gehölzpflanzung (pflegeextensiv)   100 m²
Hausnahe Pflanzungen (pflegeintensiv) 70 m²
Teich   100 m²

Gesamtgartenfläche   3.230 m²

Planung: Richard Weidmüller, Regensburg

Grasarten, wie z.B. das deutsche Weidelgras, als eine Wiesenmischung. So muß der von der Benutzung her stärker belastete Rasen am Haus ca. alle vier Wochen und die Wiese zweimal im Jahr mit landwirtschaftlichen Geräten gemäht werden, wobei das Mähgut im Betrieb der Eltern der Bauherrin verfüttert wird. Es haben auch schon Schafe unter Aufsicht eines Schäfers auf der Wiese geweidet.

Sicher bieten große Grundstücke mehr Möglichkeiten zur landschaftsbezogenen Gestaltung - oft werden diese aber gar nicht ausgenutzt oder nicht einmal in Erwägung gezogen.

Bei dem neu entstandenen ländlichen Ortsrandgarten, der erst richtig einwachsen muß, gilt es nun für den Besitzer des Anwesens, das wohlüberlegte Konzept eines Landschaftsarchitekten durch geringen, aber richtigen Pflegeeinsatz fortzuentwickeln und zu erhalten.

Dies geschieht bereits auf dem besten Wege, da z.B. weder Rasen, Wiese noch Pflanzung gedüngt werden. Wer glaubt, daß er in solch dörflicher Situation und bei der landschaftsbezogenen Pflanzenauswahl eines Fachmannes düngen muß, macht sich nicht nur viel unnötige Arbeit, sondern richtet auch Schaden hinsichtlich der Abschwemmungen des Düngemittels ins Grundwasser und der Übersäuerung des Bodens in Garten und umgebender Landschaft an.

Der Pflegeaufwand für den beschriebenen Garten ist, laut Aussage der Bauherren und Bewohner des Anwesens, sehr gering.

*91   Ein Feld-
weg mit beglei-
tender Feld-
hecke führt zu
dem in die
Landschaft ein-
gebetteten
Haus.*

*92   Auch der
Garten geht in
die Landschaft
über. Gartenwie-
se und freies
Feld im Hinter-
grund bilden ei-
ne Einheit.*

Detail-Informationen

1. Sträucher und Kleinbäume, die sich für den Übergangsbereich vom Garten zur Landschaft eignen:

Cornus sanguinea - Hartriegel
Cornus mas - Kornelkirsche
Corylus avellana - Haselnuß
Crataegus monogyna - Weißdorn
Euonymus europaeus - Pfaffenhütchen
Ligustrum vulgare - Gewöhnlicher Liguster
Lonicera xylosteum - Heckenkirsche
Malus communis - Wildapfel
Prunus spinosa - Schlehe
Pyrus communis - Wildbirne
Rhamnus frangula - Faulbaum
Rosa canina - Hundsrose
Rosa rubiginosa - Zaunrose
Rosa rugosa - Apfelrose
Salix caprea - Salweide
Salix purpurea - Purpurweide
Sambucus nigra - Holunder
Sorbus aucuparia - Eberesche
Syringa vulgaris - Gewöhnlicher Flieder
Viburnum opulus - Gemeiner Schneeball
Rubus fruticosus - Brombeere
u.a.

Die Gehölze werden in landschaftlichen zwei- bis dreireihigen Pflanzungen meistens als zweimal verpflanzte Jungpflanzen verwendet. In den ersten zwei bis drei Jahren muß die Neupflanzung von Wildkrautwuchs freigehalten werden, um den noch kleinen Pflanzen eine Wachstumschance zu geben. Danach entwickeln sich die Bestände von selbst ohne jegliche Pflege. Erst im Alter, bzw. im Zustand des Überalterns der Pflanzung muß ein Rückschnitt erfolgen oder müssen Gehölze ausgeschnitten werden, um Blickrichtungen wieder freizuhalten.

2. Obstbäume

Obstbäume erfordern entweder sehr viel oder sehr wenig Pflege - je nach Betrachtungsweise. Da die Bäume einen angenehmen Nutzen bringen, wird die Obsternte nicht als Arbeit angesehen. Wird nicht der gesamte Jahresertrag geerntet, so macht es auch nichts: das am Baum verbleibende Obst kommt den Vögeln und Insekten zugute.
Der Obstbaumschnitt bedeutet freilich einen Pflegegang, der gekonnt sein muß; verzichtet man auf einen regelmäßigen Schnitt, so führt dies zu einer vielleicht geringeren Obsternte und schwächeren Einzelexemplaren, aber andererseits zu einem malerischen, weniger vom Menschen beeinflußten Baumwuchs.
Zur Auswahl der Obstsorten für den speziellen Ort, fragt man entweder den alteingesessenen Nachbarn, den zuständigen Gartenbauverein oder einen Landschaftsarchitekten.

3. Teichnahe Bepflanzung, Sumpf- und Wasserpflanzen

Alisma plantago-aquatica - Froschlöffel
Butomus umbellatus - Blumenbinse
Caltha palustris - Sumpfdotterblume
Carex pseudocyperus - Cypernsegge
Filipendula ulmaria - Mädesüß
Iris pseudacorus - Sumpfschwertlilie
Juncus ensifolius - Zwergbinse
Lythrum salicaria - Blutweiderich
Myosotis palustris - Sumpfvergißmeinnicht
Nuphar lutea - Teichmummel
Nymphaea alba - Seerose
Polygonum bistorta - Wiesenknöterich
Sagittaria sagittifolia - Pfeilkraut
Trollius europaeus - Trollblume
Typha minima - Zwergrohrkolben

ÖKOLOGISCHE ROMANTIK - EIN GARTEN ZWISCHEN GEPLANT UND VERWILDERT

Pflegeminimierung durch gezielten Eingriff in die Pflanzenvielfalt

Die Koniferen an der Grundstücksgrenze lassen noch ahnen, wie der Garten vor der Umgestaltung aussah: englischer Rasen und Staudenrabatten vor der immergrünen Gehölzkulisse.

Heute gibt sich der Garten wesentlich natürlicher: auf Rasenwegen - manchmal Rasenpfaden - wandelt man durch die blühende Wiese an lauschigen Plätzchen vorbei durch teils gepflanzte Staudenbereiche, teils sich selbst überlassene Vegetationsgesellschaften.

Die Pflanzenvielfalt und Originalität der teils bewußten, teils unbewußten Pflanzenzusammenstellung ist überraschend: inmitten einer Farngruppe leuchtet hellrot der Mohn, Felberich, Phlox-Arten und Strauchrosen gesellen sich zueinander, der Giersch fehlt nicht und paßt sich gut in das Gesamtbild ein.

Ein umgestürzter Obstbaum darf liegenbleiben, treibt wieder aus und trägt weiterhin Äpfel. Am Rande der Obstblüte stehen Biergartenstühle zum Verweilen. In Hausnähe befindet sich eingebunden in eine wohlkomponierte Gehölz- und Staudenkulisse ein Tauchbecken für heiße Tage.

Baumwurzeln und Äste bleiben - umwachsen von Gräsern, Farnen und Moosen - vereinzelt liegen, um der Ökologie im Garten gerecht zu werden.

Die Hausfassade ist in solch einem Gartenkonzept selbstverständlich berankt.

Ob »Naturgarten«, »Ökologischer Garten« oder »Verwilderter Garten«, die Begriffe werden sehr unterschiedlich und auch mißverständlich benutzt, auf Pflege kann in keinem Fall verzichtet werden. Ein Nichtstun würde zur Verbuschung und schließlich zu einem Waldbestand im gesamten Grundstück führen.

Durch schöpferische Pflege müssen Rasenwege freigemäht und einzelne Pflanzen entfernt werden, um den gewünschten Arten einen geeigneten Lebensraum zu gewähren; angeflogene und sich an unbeabsichtigter Stelle angesiedelte Pflanzen dürfen eventuell stehenbleiben. Durch sich verändernde Pflanzengesellschaften, Boden-, sowie Licht- und Schattenverhältnisse sollten gelegentlich neue Stauden in die bestehenden Vegetationsflächen eingebracht werden, um die Pflanzenvielfalt im Garten zu erhalten.

Bei der Pflege solcher Gärten kommt es sehr auf das Interesse und Verständnis des Gartenbesitzers für natürliche Vorgänge und ökologische Zusammenhänge an. Ohne die kreative und intellektuelle Pflege entwickelt sich der Garten schnell zur Wildnis. Die Kunst besteht darin, das zunächst vom Landschaftsarchitekten geschaffene Produkt zwischen »gestaltet« und »verwildert« durch vorsichtiges Eingreifen zu erhalten, sowie durch einfallsreiche Pflege fortzuführen.

Im Gegensatz zur früheren Gartenlösung mit Koniferen, Rasen und Staudenrabatten kann die Pflege als geringer - zumindest abwechslungsreicher und spannender - bezeichnet werden.

① RASEN
② MOOSRASEN
③ WASSERBECKEN
④ WALDMANTEL
⑤ WALDSAUM

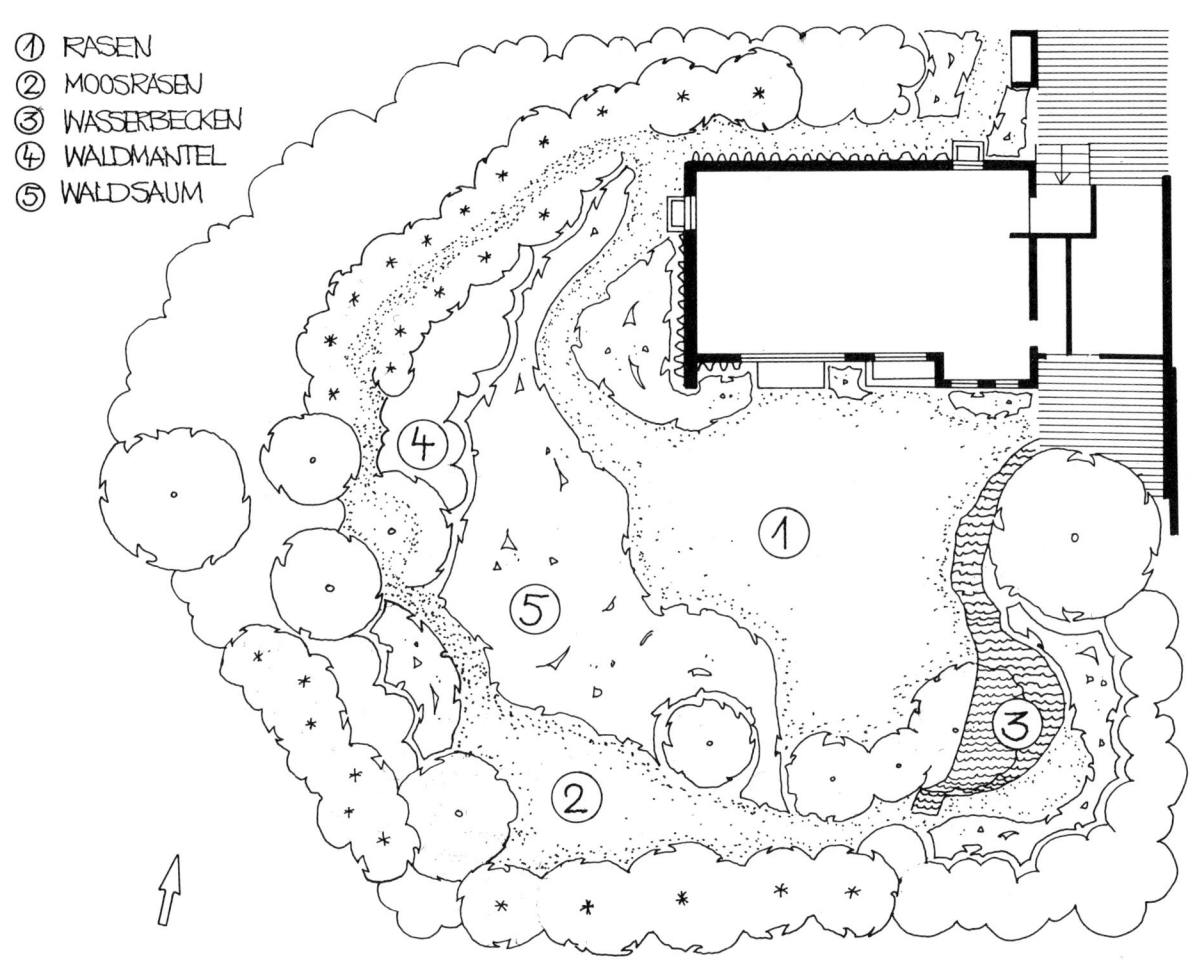

Flächenbilanz:

Befestigte Fläche (pflegeextensiv)	75 m²
Wiese (pflegeextensiv)	70 m²
Extensive Pflanzfläche	645 m²
Intensive Pflanzfläche (Beetstauden am Haus)	25 m²
Rasen (pflegeintensiv)	125 m²
Gesamtgartenfläche	940 m²

Planung: Johannes Mahl und Helmut Wartner,
Landshut
mit Architekt Hermann Pfaff

94 Ein natürlicher Gar-
ten, in dem der Mensch in
die Ökologie eingebunden
ist.

95 Tauchbecken mit
Steinformation, umgeben
von Grün.

96 Beckengestaltung aus
Natursteinblöcken mit reizvoller Wasserspiegelung.

97   Frühling.

98   Sommer.

99   Herbst.

100   Winter.

101 Ein Gartenplatz, der
zum Nachdenken anregt.

103 Teichrandbepflan-
zung unter vorhandener
Weide.

GARTEN UND LANDSCHAFT

Pflegeminimierung durch richtige Integration neuer Pflanzengemeinschaften in vorhandene Gartenstrukturen

Auch dieser Garten liegt am Ortsrand in ländlicher Umgebung. Ausgangspunkt für die einfache und in die Landschaft integrierte Gartengestaltung war eine Wiese mit alten Obstbäumen, große Eschen, Walnuß- und Kastanienbäume unmittelbar am Haus und malerisch gewachsene Weiden.
Die Terrasse, die seitlich von Buchsrabatten eingefaßt ist, öffnet sich in weite Rasenflächen, die durch eingestreute Stauden-, Rosen- und Pfingstrosenbeete aufgelockert werden.
Von der Terrasse aus gesehen liegt linker Hand der unter den vorhandenen Weiden integrierte und mit Uferrandstauden eingefaßte Teich; rechter Hand liegt der Gemüse- und Nutzgarten umgeben von Beerensträuchern; in die Ferne schauend geht der Garten in die Wiesen- und Ackerlandschaft der Umgebung über.
Neue Pflanzengesellschaften sind sorgfältig unter vorhandenem Baumbestand integriert. Die Teichrandbepflanzung fügt sich stimmig unter dem lichten Blattwerk der Weiden ein. Auch durch standortgerechte Pflanzenverwendung und vor allem sachverständige Kombination von Vorhandenem, natürlich Gewachsenem mit Neuem kann ein einfacher Garten ohne allzu aufwendige Pflege entstehen.
Die Mahd der Wiesenflächen erfolgt drei- bis viermal im Jahr. Das Mäh- und Schnittgut wird kompostiert. Schließlich müssen die verblühten Stauden im Herbst entfernt werden.
Die Bewässerung der Intensivpflanzflächen erfolgt über eine computergesteuerte Bewässerungsanlage.
Der Pflegeaufwand wird von den Besitzern als sehr gering bezeichnet.

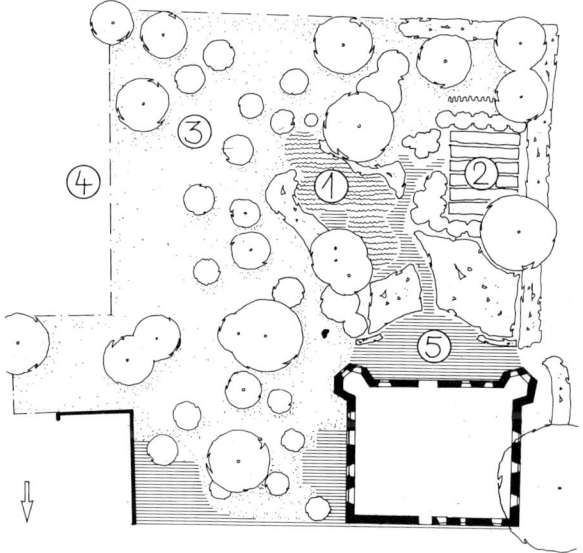

① TEICH MIT BAUMWEIDEN
② GEMÜSEGARTEN
③ OBSTWIESE
④ PFERDEKOPPEL/KOPPELZAUN
⑤ TERRASSE MIT BUCHSRABATTE

Flächenbilanz:

Wege- und Platzfläche (pflegeextensiv)	220 m²
Wiesen- und Rasenfläche (pflegeextensiv)	1.400 m²
Gehölz- und Teichrandpflanzung (pflegeextensiv)	250 m²
Stauden- und Rosenpflanzung (pflegeintensiv)	250 m²
Teich	110 m²
Gesamtgartenfläche	2.230 m²

Planung: Richard Weidmüller, Regensburg

104   Räumliche Wirkung
entsteht durch großzügige
Rasen-Wiesenflächen und
eingestreute Pflanzinseln.

*105 Bescheidene Trittplat-
ten führen an den Teich
mit Seerosen, Binsen und
Gräsern.*

EINLADENDER VORGARTEN IN RATZEBURG

Pflegeminimierung durch Integration horizontaler und vertikaler Vegetation in Pflasterflächen

Auf einer Fläche von ca. 80 m² werden alle funktionalen Bedürfnisse an einen Vorgarten gestalterisch optimal gelöst. Hauseingang und Garagenzufahrt werden großzügig durch einen einheitlichen Kleinsteinpflasterbelag zusammengefaßt. Dennoch wird der kurze Weg zur Eingangstüre durch leichte Höhenunterschiede und Stufen, die aus den Bodenwellen hervortreten, optisch betont.
Die Stufen wiederum setzen sich als Großsteinpflasterzeilen zur Gliederung der Garagenzufahrt sowie als Bänder in den gegenüberliegenden Pflanzflächen fort.
Unter wenigen vorhandenen Bäumen ist die leicht modellierte Vorgartenlandschaft mit bodendeckenden Stauden bepflanzt. Neben den horizontalen Gliederungselementen charakterisieren vertikale Ranksäulen, die gestalterisch genau auf die Pflaster- und Stufenbänder bezogen und mit Lonicera-Arten bepflanzt sind, den Eingangsbereich als einen Ort besonderer Signifikanz und Identität.
Mülltonne und Fahrräder sind in der Garage untergebracht und stören nicht den zu einem Besuch einladenden und gastfreundlichen Freiraum.
Die durch das Natursteinmaterial lebendigen Pflasterflächen benötigen keine Pflege. Die in den Belag integrierten Pflanzflächen bedürfen einer gelegentlichen geringfügigen Säuberung bzw. Rückschnitt. Der Vorgartenentwurf verbindet in überzeugender Weise funktionale Gegebenheiten, ästhetisch-humorvolle Gestaltung und ein Minimum an Pflegeaufwand.

106   Treppe aus Granit-steinpflaster entlang des Holzlagers.

Flächenbilanz:

Wege- und Platzfläche	35 m²
Bodendeckende Pflanzung	12 m²
Rasen	33 m²
Gesamtgartenfläche:	80 m²

Planung: Teja Trüper, Christoph Gondesen, Lübeck

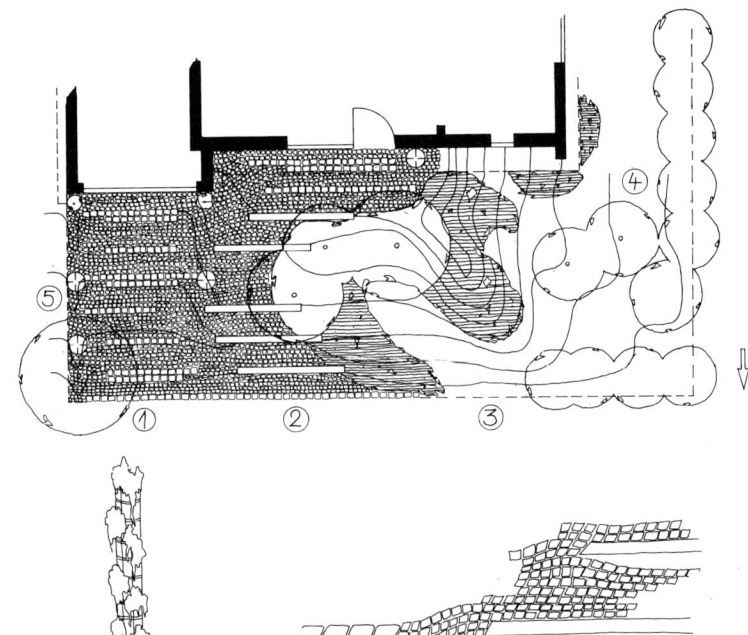

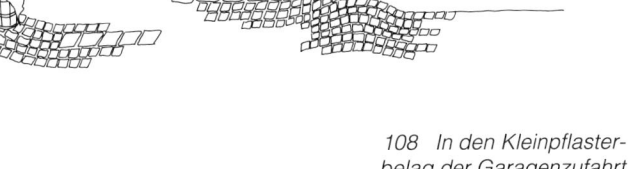

① GARAGENEINFAHRT
② HAUSEINGANG
③ BODENDECKER
④ BIRKENGRUPPE
⑤ RANKSÄULE

108   In den Kleinpflaster-
belag der Garagenzufahrt
sind Stufen integriert, die
zum Hauseingang führen.

EIN JAPANISCHER GARTEN
IN MÜNCHEN

Pflegeminimierung durch richtige Auswahl von
Materialien und Pflanzen

Selbst ein japanischer Garten kann bei entsprechender Gestaltung und Pflanzenauswahl
»pflegeeinfach« sein. Dies bestätigt die Bauherrin und Malerin, die für ihre künstlerische
Arbeit - ohne viel Zeit für Gartenmühen aufzu-
wenden - einen Ort der Stille in enger Verbindung mit der Natur benötigt.
Das Wohnhaus besteht aus einem Wohnpavillon, der frei im Garten steht, und einem Flach-
bau mit Garage, Gästezimmer, Küche, Ein-
gangsflur und Schlafzimmer, der durch eine
gläserne Diele mit dem Wohntrakt verbunden
ist.
Der dem Wohnpavillon zugeordnete Gartenteil
mit Teich, Findlingen, Terrasse und Sitzplatz
unter einer Kiefer steht aufgrund des gläser-
nen Verbindungstraktes optisch mit dem rückwärtigen Gartenteil in Form eines überdachten
Sitzplatzes und Obstwiese in Verbindung.
Die Materialien im Garten sind - wie auch die
übergeordneten Gestaltungsabsichten - einfach und überzeugend: Holzbohlen auf einem
Stahlgerüst bilden die angenehm zu bewoh-
nende Terrasse; die mit Wasser gefüllte, flache
Mulde im Anschluß an die Terrasse ist aus ge-
waschenem Isarkiesel dicht an dicht im Mör-
telbett verlegt; aus dem Teich ragen vom Bauherrn selbst gesammelte Findlinge; Quarzit-
platten am Rande der Kieselflächen dienen als
Weg um den Teich. Pflanze und Stein gehen in
dem Garten eine stimmige Verbindung ein.
Viele Bereiche im Garten entwickeln sich von
selbst. Dicht geschlossene Pflanzendecken
lassen keinen Wildwuchs aufkommen. Freiwachsende Gehölzgruppen als Gartenbegrenzung bedürfen keines aufwendigen Hecken-
schnitts. Der Rasen wird nicht regelmäßig,
sondern nur bei Bedarf gemäht. Freilich müssen in einem kleinflächigen Gartenraum gelegentlich Gehölze ausgeschnitten und einmal
im Jahr die Stauden nach der Vegetationsperiode heruntergeschnitten werden: Arbeiten jedoch, die den Gartengenießer nicht täglich be-
lasten.

*109 Findling, Bambus,
Gräser und Schwertlilien
umgeben den Teich und
sorgen für Atmosphäre
beim Aufenthalt auf dem
Holzdeck.*

110 Quarzit-Trittplatten in
bemoostem Kieselpflaster.

111 Malerischer Garten
in unterschiedlichen Grün-
tönen.

112   Vom Atelier der Malerin aus läßt sich die Natur
im Wechsel der Jahreszei-
ten beobachten.

Pflegeeinfache Gartenbereiche

1. Modellierter Erdwall als Abgrenzung zur stark befahrenen Straße:
dichte Gehölzpflanzung heimischer Arten, nach innen vorgelagert immergrüne Gehölze aus Ostasien, Kriechmispel und Efeu als Bodendecker,
im tiefen Schatten der Gehölze kommt Efeu gut zurecht, andere Pflanzen kommen kaum auf.

2. Am Steintisch unter den Obstbäumen:
Efeuflächen mischen sich mit Maiglöckchen.

3. Wegbegleitende Pflanzung von der Diele in den Obstgarten:
Schattenstauden wie Astilben, Taglilien, Gräser und Farne unter einer japanischen Kirsche.

4. Teichbereich:
Bambus, Irisarten, Kreuzkraut, im Wasser Seerosen und Blutauge.

5. Zur Füllung zwischen den Steinen:
Günsel;
An den Stein gebundene Pflanzen:
Steinbrech- und Fetthennenarten, Rotlaubige Berberitze, u.a.

6. Rhododendrenarten zusammen mit Königslilie.

7. Kreuzkraut, Primeln und Knöterich.

8. Pfingstrose, Klee und Veilchen.

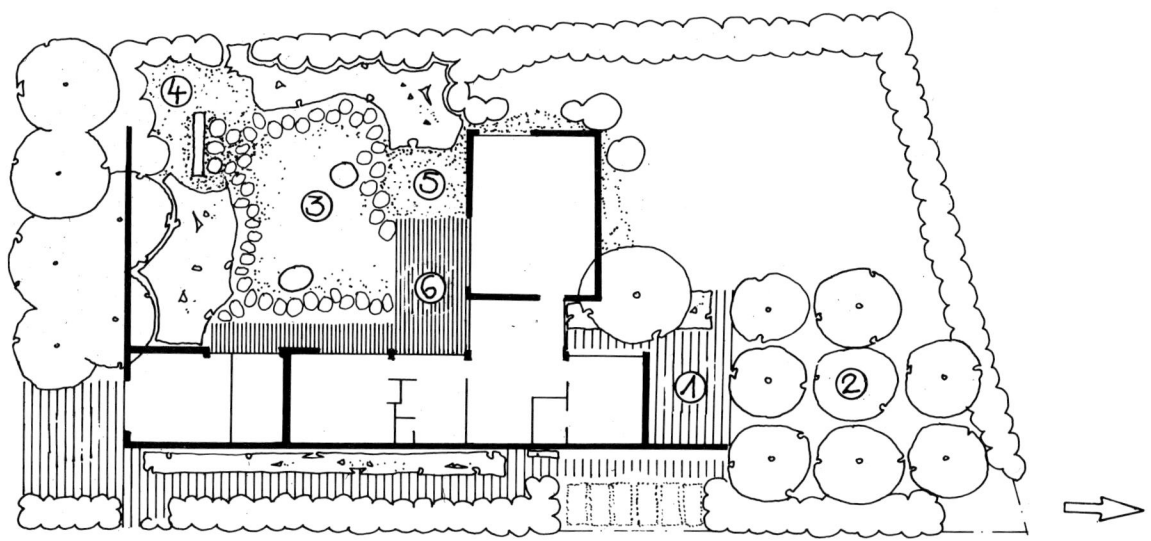

① ÜBERDACHTER SITZPLATZ
② OBSTWIESE MIT STEINTISCH
③ WASSERMULDE
④ ERDWALL
⑤ GRÄSER UND ZWIEBELN
⑥ HOLZROST

Flächenbilanz:

Der Garten ist mit Ausnahme der Kräuterbeete und weniger Stauden über die Gesamtfläche pflegeeinfach.

Planung: Max Laugl, München
Architekt: Helmut Borcherdt, München

*114 Schafgarbe, Gräser
und Polsterstauden bilden
farbliche Akzente in einem
Schotterbett auf einer Tiefgarage.*

GARTEN AUF EINER TIEFGARAGE

Pflegeminimierung durch Schotterfluren

Bei einer Gartenanlage auf einer Tiefgarage muß als erstes die Entwässerung gesichert sein. Meist hat die Tiefgaragendecke ein eingebautes Gefälle, so daß das auftreffende Wasser in Gullis und Entwässerungsrohren gesammelt und abgeleitet werden kann.

Auf die Betondecke bzw. die nach oben folgenden Dichtungs- und Wurzelschutzschichten wird sauberer, gewaschener Kies gebracht. Auf die Kiesschicht folgt ein Vlies, das den als oberste Schicht aufliegenden Humus von dem wasserführenden Untergrund trennt.

Da der Rollkies aus entwässerungstechnischen Gründen auf der Tiefgarage erforderlich ist, sollte er im vorliegenden Entwurf nicht ausschließlich unter der Erde verborgen bleiben, sondern auch sichtbar an der Oberfläche auftauchen. So geht eine amorph gestaltete Sandspielmulde in ein Trockenbachbett über, das sich bis an den Fuß des Hauses fortsetzt. Dort übernimmt der Rollkies unterschiedlicher Korngrößen - aufgelockert durch Findlinge - zugleich die Funktion des Keller- und Wandschutzes.

Eine bewegte Geländemodellierung von sanften Mulden und Erhebungen sorgt für ein malerisches Licht-Schattenspiel und einen ständigen Wechsel der Grüntöne im Rasen.

Hinsichtlich der Bodenbeläge führt das Zusammenwirken von hellem und dunklen Granit-Kleinsteinpflaster, teils mit eingestreuten hellgrauen Sichtbetonplatten 40/40 cm oder an funktionaleren Plätzen - z.B. Mülltonnenplatz - vorwiegend Betonplatten mit einzeln eingestreuten Granitkleinsteinen sowie Bündner-Gneis-Trittplatten in Rasen- und Geröllflächen zu einem Variationenspiel der verschiedensten Grauwerte. Hinzu kommen die Grautöne der Findlinge, Schotter- und Sandflächen.

Für farbliche Akzente innerhalb bzw. am Rande der Schotterfluren sorgen Stauden wie Küchenschelle, Schafgarbe, Hornkraut, Wiesenmargerite, Distelarten, Schleierkraut, Alant, Mohn, Sonnenhut, Salbei und Fetthennenarten. Zwischen Gräsern wie Bärenfellgras, Chinaschilf und Reiherfedergras ragen an besonders warmen Bereichen vor der Hauswand vereinzelt Königskerze, Palmlilie und Federmohn empor. An zwei durch Teichfolien innerhalb des Trockenbachbettes geschaffenen Feuchtstellen wachsen Pfennigkraut, Sumpfvergißmeinnicht und Farne.

Große bereits vor dem Tiefgaragenbau verpflanzte und für die Wiederverwendung gesicherte Ahorne und Linden sorgen von Anfang an für Sichtschutz und Raumwirkung.

Vorgepflanzte heimische Gehölze und wenige Besonderheiten als Blickfang bilden den Übergang zu Stauden- und Wiesenflächen.

Die Staudenpflege ist gering. Die Polsterarten breiten sich üppig und flächendeckend auf den mageren Schotterstandorten aus. In den Übergangsbereichen von Rasen- und Schotterflächen, wo das Mähen schwierig wird, sind Wildkrautfluren geduldet. Die zwei Feuchtstellen tragen zur Ökologie in der Stadt bei und bedürfen bei zeitweiser Austrocknung und Wiederauffüllung keiner Pflege.

Flächenbilanz:

Wege- und Platzfläche (pflegeextensiv)	115 m^2
Trockenbachbett und Geröllfluren (pflegeextensiv)	75 m^2
Gehölzpflanzung (pflegeextensiv)	100 m^2
Rasen (mähen)	420 m^2
Gesamtgartenfläche:	710 m^2

Planung: Wolfgang H. Niemeyer, München

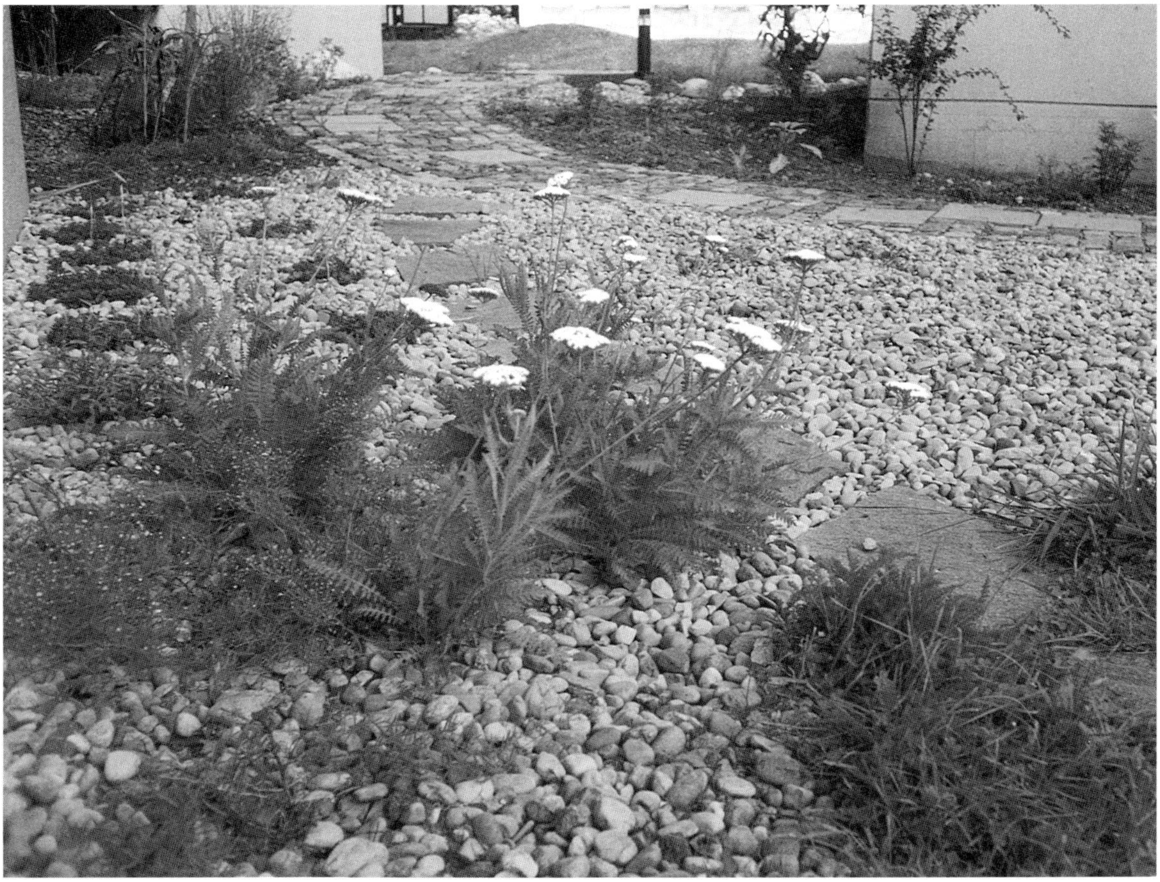

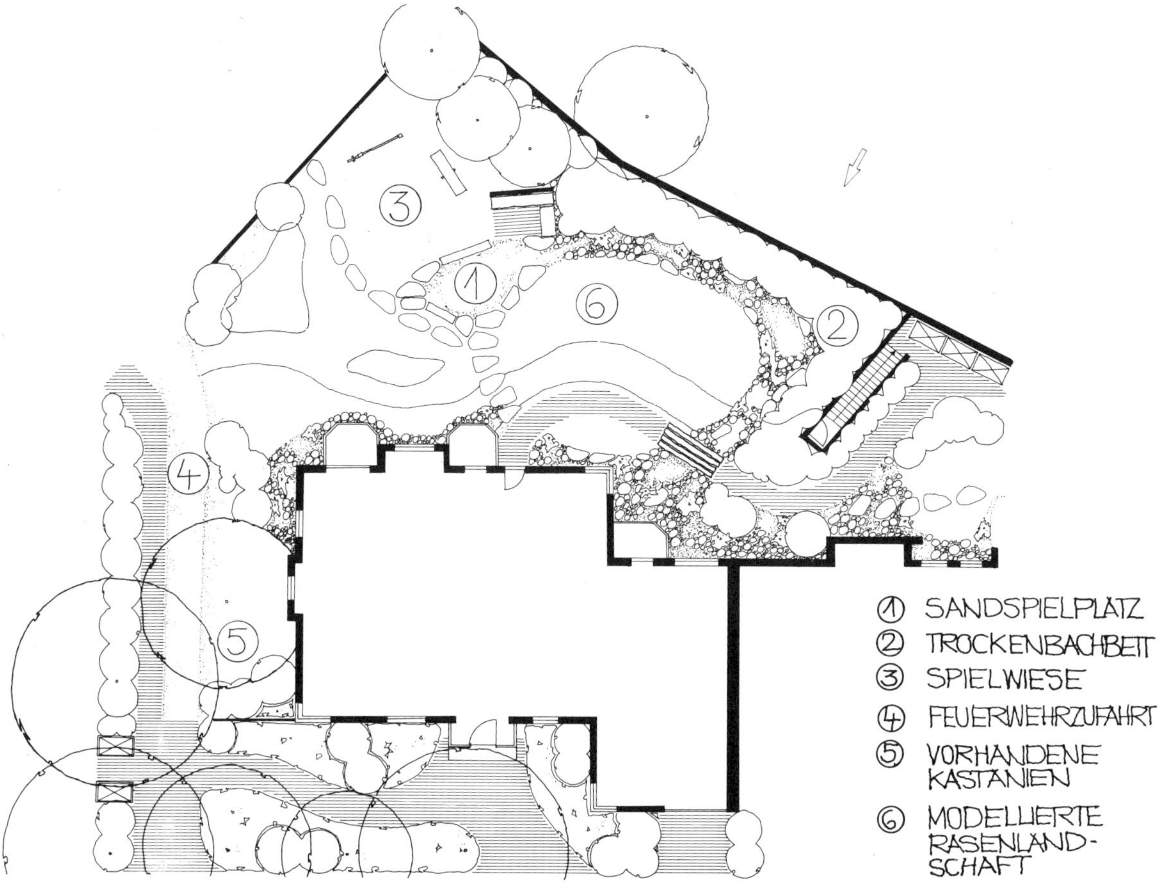

① SANDSPIELPLATZ
② TROCKENBACHBETT
③ SPIELWIESE
④ FEUERWEHRZUFAHRT
⑤ VORHANDENE
   KASTANIEN
⑥ MODELLIERTE
   RASENLAND-
   SCHAFT

117   Trockenbachbett mit Findlingen und Kieselsteinen unterschiedlicher Korngröße. Im Hintergrund der Sandspielplatz.

118   Kleinsteinpflaster, übergehend in Betonplattenbelag, erzeugt ohne Pflegeaufwand eine lebendige Oberfläche.

116   Bündner Gneis-Trittplatten im Kiesbett mit Schotterfluren.

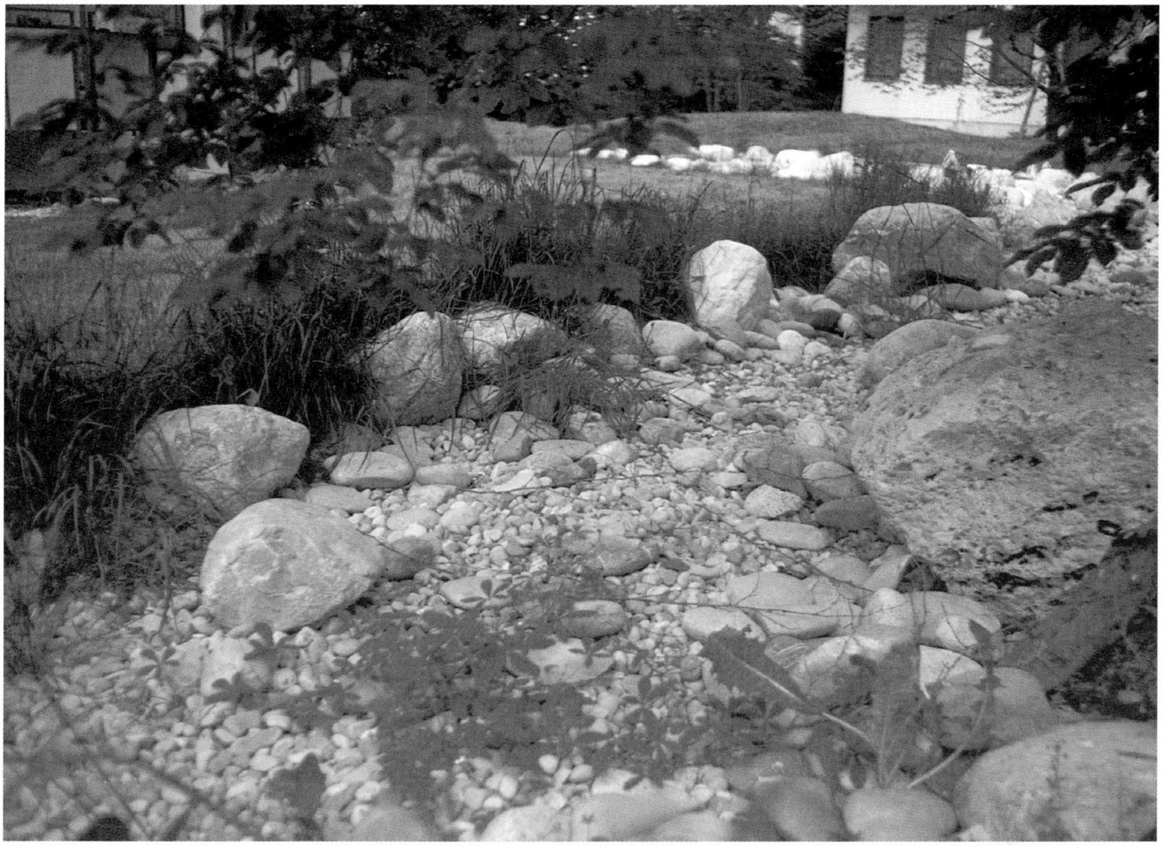

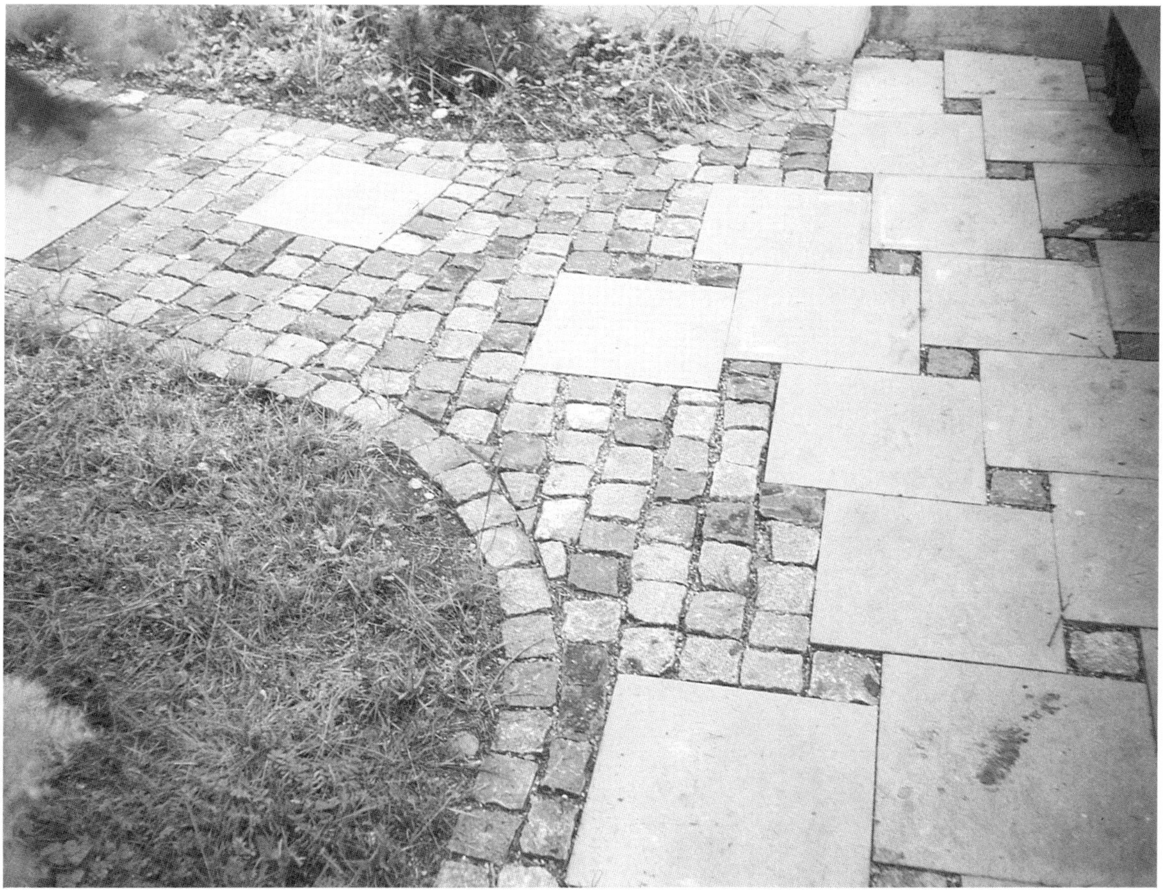

LEBENDIGER GARTEN IN MEHREREN EBENEN

Minimierung des Pflegeaufwandes durch
Minimierung der Pflanzflächen

In Reihenhausgärten leben Menschen nahe
nebeneinander. Trotz der wünschenswerten
Nachbarkontakte müssen in solchen Garten-
räumen auch Abgeschiedenheit und Privatheit
möglich sein. Der Gestalter kann dies durch
Sichtschutzwände, Mauern, geschlossene
Pflanzenbestände oder - wie in diesem nur ca.
200 m² großen Garten - durch Bodenmodellierung erreichen.
Ein vertiefter Sitzplatz unmittelbar am Haus
schützt vor neugierigen Blicken. Senkrecht in
geschwungener Linie eingebaute Kanthölzer
bilden in Kombination mit niedrigen Pflanzen
den Übergang vom gepflasterten Hof zu den
höher gelegenen Rasenhügeln und -plateaus.
Über den vertieften Sitzplatz führt vom oberen
Stockwerk des Hauses eine Treppe zu einem
im gleichen Material gepflasterten kreisrunden
Baumplatz. In der von einer Mauer umgebe-
nen Ostecke des Gartens befindet sich
schließlich eine berankte Laube, die über eine
Stufe von der angrenzenden Rasenfläche zu
erreichen ist.
Die Staudenpflanzungen beschränken sich im
wesentlichen auf den Vorgarten.
Die bodendeckenden und niedrigen Klein-
gehölze des Hauptgartens bedürfen kaum einer Pflege. So bleibt nur das gelegentliche
Mähen als Arbeit im Garten nicht aus, um das
bewegte Relief zur vollen Geltung kommen zu
lassen.
Trotz weniger Materialien - Kanthölzer und
Klinkerbelag - wirkt der Garten sehr lebendig
und bietet dem Besitzer zahlreiche Möglichkeiten der Nutzung: Sitzen auf den Terrassen
oder zwischen den Pflanzen auf den Stufen,
Liegen in Rasenmulden oder Stehen auf den
verschiedenen Niveaus beim Festefeiern.

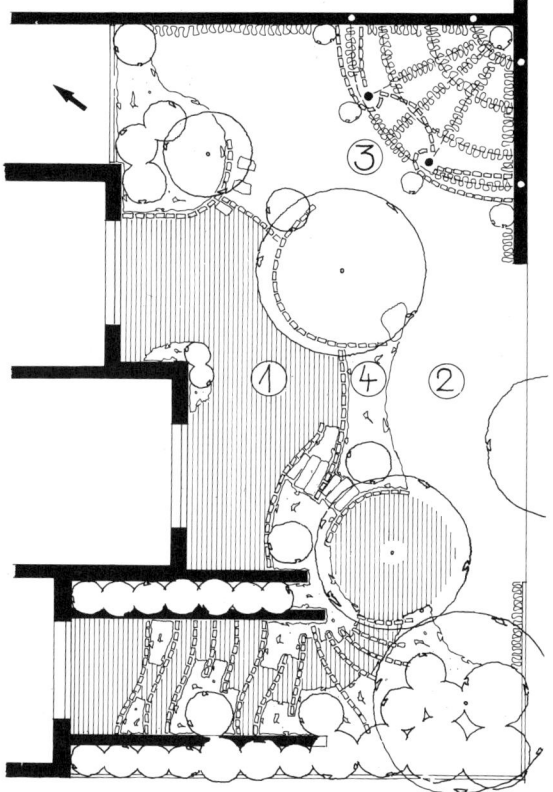

① VERTIEFTER SITZPLATZ
② RASENPLATEAU
③ LAUBE
④ STAUDEN/BODENDECKER

Flächenbilanz:

Pflasterfläche	45 m²
Rasenfläche (mähen)	45 m²
Gehölzrand (pflegeextensiv)	12 m²
Staudenfläche (pflegeintensiv)	18 m²
Gesamtgartenfläche	120 m²

Planung: Thomas Oyen, Bonn

120 Verschiedene Garten-
ebenen bieten dem Besit-
zer zahlreiche Nutzungs-
möglichkeiten.

121 Vertiefter Sitzplatz,
umgeben von Pflanz- und
Rasenterrassen.

122 Modellierte Rasenbö-
schung zwischen tiefer und
höher gelegener Gartenterrasse.

EIN GARTEN IN LUFTIGER HÖHE

Pflegeminimierung durch minimale
Pflanzflächen

Dachgärten erfreuen sich in Großstädten und
Ballungsgebieten zunehmender Beliebtheit. Ist
die private Grünoase noch so klein, so wirkt
doch die weiträumige Stadtlandschaft mit Zie-
geldächern, Türmen und Baumkronen in das
Gesamtgartenerlebnis in luftiger Höhe mit ein.
In München wurde eine ca. 10 m² große Dachterrasse für die vierköpfige Familie zu klein.
Der Bauherr wünschte eine gleichgroße höher
gelegene Dachfläche als benutzbaren Grün-
raum umzuwandeln und hinzuzugewinnen.
In Gedanken an die »Hängenden Gärten der
Semiramis« sollte ein Aufenthaltsort im Freien -
umgeben von Pflanzen, Wasser und Tieren -
entstehen, der Eltern und Kindern inmitten des
Häusermeeres und städtischer Agglomeration
ein kleines Gefühl von Natur vermittelt.
Hauptsitzplatz ist die untere Ebene mit diagonal verlegten quadratischen Klinkerplatten und
an zwei Seiten höhengestaffelten Pflanzkästen.
Neben Schmetterlingen in Stauden und Klein-
gehölzen tummeln sich Goldfische in einem
Wasserbecken, das zugleich von einer Klein-
plastik überragt wird. Neben der Bepflanzung
sorgt ein weißes Leinentuch, das auf ebenfalls
weißen Stahlbügeln als Sonnendach verschieb-
bar ist, für angenehme Licht- und Schattenverhältnisse. Eine Gartendusche kühlt bei über-
mäßiger Sommerhitze.
Die obere Gartenebene, die den Eltern vorbehalten ist, erreicht man über eine Stahlleiter.
Auf dem Holzdeck - umrahmt von trockenheitsliebenden Steingartenpflanzen in ebenfalls weiß gestrichenen Pflanzkästen läßt es
sich ungestört sonnen oder an lauen Sommer-
abenden mit einem Glas Wein in die Nacht
hineinleben.
Ein Ort der Ruhe und Zurückgezogenheit ist
über Münchens Dächern für den vielbeschäf-
tigten Ingenieur und seine Familie entstanden.
Da die Terrassenflächen in luftiger Höhe oft
klein sind - hier gesamt nur ca. 20 m² –, handelt
es sich auch bei den Pflanzflächen um minimale und somit ohne große Mühe zu pflegende Grüninseln. Durch die Höhe der Pflanzkä-

sten ist kaum ein Bücken erforderlich. Bei Bedarf kann eine automatisch gesteuerte Bewässerungsanlage dem Bauherrn schließlich noch
das Gießen abnehmen.
Dringend zu bedenken sind bei derartigen
Dachgartengestaltungen statische Gegebenheiten. Die Dachlast ist vorher in Erfahrung zu
bringen. Die Dachentwässerung muß funktio-
nieren. Erforderliche Geländer sind natürlich
anzubringen und Vorsichtsmaßnahmen beim
Bau solcher Dachparadiese zu treffen.
Besonders wichtig erscheint mir, je bescheide-
ner und kleinräumiger der Garten ist, desto
präziser muß auf die Detailgestaltung geachtet
werden:
Beläge müssen mit Akkuratesse in heiklen
Ecken oder auf ungleichem Untergrund einge-
paßt werden. Geländer oder Rankgerüste
müssen mit Erfindungsgeist an statisch sowie
gestalterisch befriedigenden Stellen montiert
werden. Schließlich ist es die höchste Kunst, in
Kleinsträumen Großzügigkeit und Weiträumig-
keit zur Geltung zu bringen. Trotz winziger
Gartenfläche - aber um so diffizilerer Bauauf-
gabe - sollte sich der Eigentümer nicht scheu-
en, einen Landschaftsarchitekten zu konsultie-
ren - wie es im beschriebenen Fall geschehen
ist.

Flächenbilanz:
Klinkerbelag   7 m²
Holzdeck   8 m²
Intensive Bepflanzung   3 m²
Extensive Bepflanzung   2 m²

Gesamtgartenfläche: 20 m²

Planung: Wolfgang H. Niemeyer, München

123 Höhenmäßig gestaf-
felte Wasser- und Pflanz-
becken.

124 Blick vom höher gelegenen Sonnendeck auf die
diagonal verlegte Klinkerterrasse.

125   Blick von innen nach
außen: Neben Pflanzen,
Wasserbecken, Sonnenlei-
nen und weißen Sitzmöbeln
macht eine Gartendusche
das Leben über den
Dächern der Großstadt
angenehm.

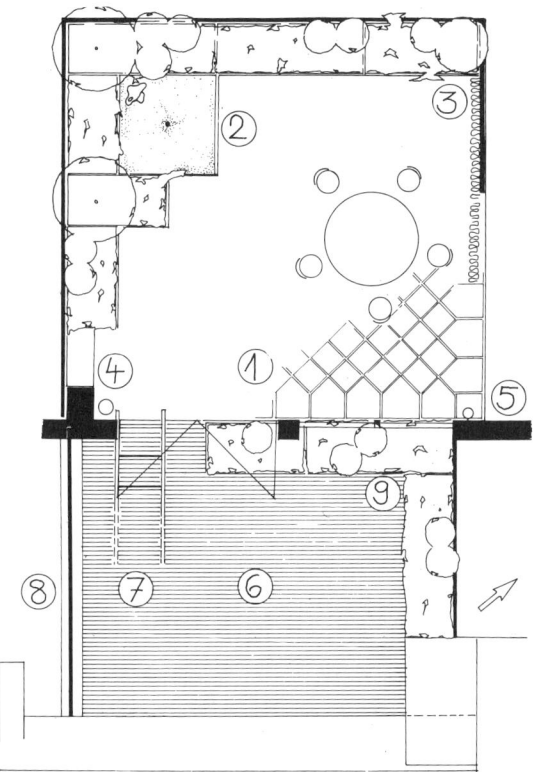

1. SITZPLATZ AUS PFLASTERKLINKER
2. BRUNNEN/SKULPTUR
3. PFLANZGEFÄSSE MIT STAUDEN, GRÄSERN UND GEHÖLZEN
4. GARTENDUSCHE
5. LEUCHTE/STECKDOSE
6. SONNENDECK: HOLZ-PANEELE AUF BLECH-DACH
7. SCHIEBELEITER
8. GELÄNDER
9. EXTENSIVES GRÜN

127 Ein von Knöterich berankter und mit Terrakotten gestalteter Dachgarten in unmittelbarer Nachbarschaft.

ATRIUMGARTEN MIT WANDBRUNNEN

Pflegeminimierung durch kleine Pflanzflächen

Auf einer ca. fünf mal fünf Meter großen mit Granitkleinstein kreisförmig gepflasterten Grundfläche ist genug Raum, einen angenehmen Sitzplatz für die ganze Familie zu schaffen. Unterschiedliche Pflanzen, ein Brunnen und ein kleinkroniger Baum drängen sich an den Rand, um die Mitte des Atriums für vielfältige Nutzungen offenzuhalten. Kletterrosen und Clematis beranken die Wände. Disteln und Gräser spiegeln sich in der Glasfassade des Wintergartens und sind von innen und außen erlebbar. Eine Beerenecke erfreut die Kinder, auch der Waldmeister für die Bowle fehlt nicht.

Unter dem schattigen Baumdach sitzend sorgt an der gegenüberliegenden Wand ein künstlerisch sich aus dem Bodenbelag entwickelnder Brunnen für die Verbesserung des Kleinklimas in dem sich von der Sonne stark aufheizenden Innenhof.

Wie sich das Kleinpflaster von außen als Belag im Inneren fortsetzt, so leitet auch der Terrazzobelag des Wintergartens in Form von geschwungenen Stufen in den Gartenraum über. Es entsteht Weite in einem von den Grundmaßen her winzigen Hof.

Die Pflege ist allein durch die Gartengröße auf ein Minimum beschränkt. Alle dennoch erforderlichen Schneidearbeiten, bzw. das Entfernen von verdorrten Blüten, geschehen als Nebenbeschäftigung beim Sitzen, Feiern und Genießen in der vom alltäglichen Streß abgeschiedenen Gartenidylle.

Flächenbilanz:

Pflasterfläche   30 m²
Pflanzfläche   3 m²

Gesamtgartenhof: 33 m²

Planung: Wolfgang H. Niemeyer, München
Architekt: Wolf-Eckart Lüps, Utting

128 Formenspiel von Bodenbelag, Wandbrunnen und Fensterberankung.

130 Wohn-, Arbeits- und Kinderzimmer orientieren sich mit Fenster- und Türöffnungen zu dem von Pflanzen geprägten Atriumhof.

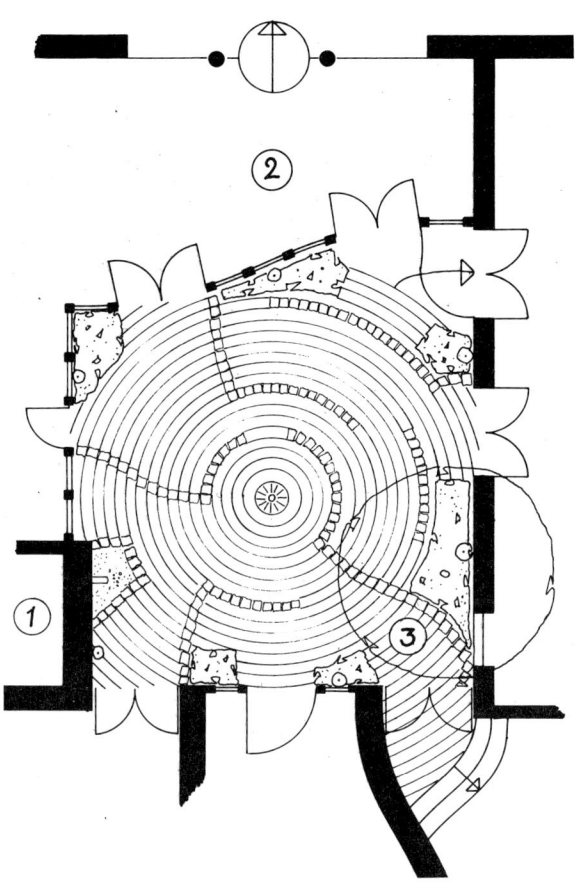

① WANDBRUNNEN
② TERRAZZO-
   BODENBELAG
③ GRANITKLEINSTEIN-
   PFLASTER

*132 Rankelement nach
einem Bild von Piet
Mondrian - Polsterstauden,
kombiniert mit einzelnen
Solitärstauden innerhalb
der Terrassenfläche.*

*133 Rankelemente glie-
dern die langgestreckte
Terrasse in »Gartenzim-
mer«.*

TERRASSE IM GARTEN - GARTEN IN DER TERRASSE

Pflege in überschaubarem Rahmen

Der Garten in Niendorf an der Ostsee besteht vor allem aus einer großen Terrasse, die sich im Süden des Wohnhauses über eine Länge von ca. 20 m und eine Breite von ca. 6,50 m erstreckt.

Da der ausgedehnte Terrassenplatz Kindern und Erwachsenen zum Spiel und Aufenthalt dient, außerdem den Eingangsbereich zu Haupthaus und Einliegerwohnung darstellt, ist die Gesamtfläche mit Hilfe von versetzt freistehenden Rankgittern in Einzelräume gegliedert. In einem »Gartenzimmer« befindet sich der Sandspielplatz, im anderen der Elternsitzplatz.

Pflanzinseln unterschiedlicher Größe lockern die großzügige Belagsfläche aus Klinkerpflaster und eingestreuten großformatigen Granitplatten auf.

Vorwiegend Polsterstauden wie Hornkraut, Fetthennenarten, Thymian, Gänsekresse, Steinkraut, Flammenblume und Lavendel bilden eine pflegeextensive Bodendecke, aus der einzelne Solitärstauden und -gräser wie Sonnenhut, Königskerze, Glockenblume, Reiherfedergras, Stockrosen oder Lein herausragen.

Die Pflasterfugen sind mit Sternmoos und der Fetthennenart »Sedum acre« eingesät.

Die nach einem Bild von Piet Mondrian »Komposition mit Rot und Blau« entworfenen Rankgitter sind in Anlehnung an die Bildfarben mit Clematis-Hybride »Ville de Lyon« (rot) und »Lasurstern"«(blau) bepflanzt.[17]

Das ganze Jahr über blüht etwas auf der Terrasse. Verblühte Stauden müssen abgeschnitten und Unkraut entfernt werden. Die wenigen Pflegearbeiten innerhalb der überschaubaren Pflanzinseln lassen sich von den Wege- und Platzflächen aus leicht durchführen. Durch fest begrenzte Ränder können sich die Polsterstauden auch nicht beliebig ausdehnen, so daß ein Wuchern und Verwildern der Anlage eingeschränkt wird.

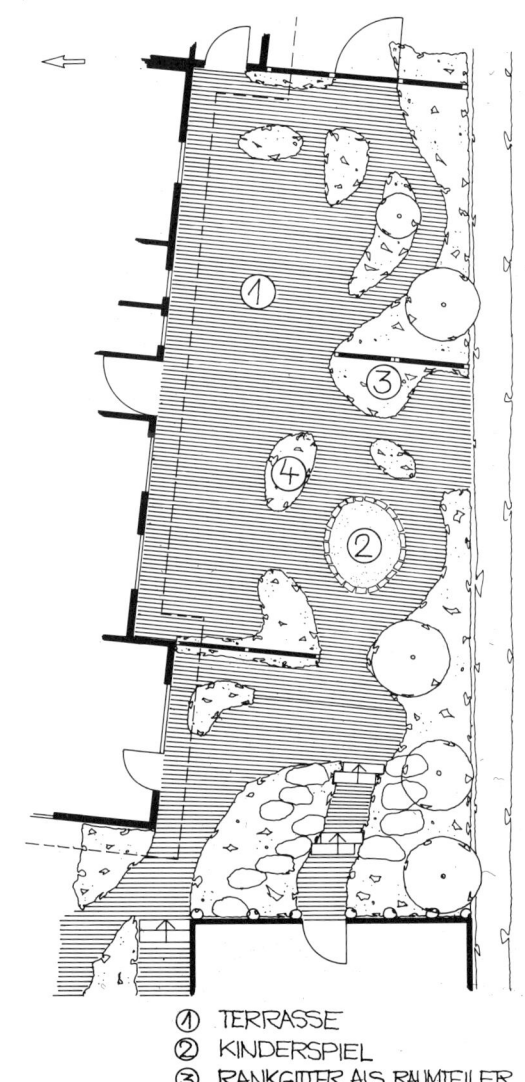

① TERRASSE
② KINDERSPIEL
③ RANKGITTER ALS RAUMTEILER
④ PFLANZINSEL

Flächenbilanz:

Platz- und Wegefläche	87 m²
Pflanzfläche ohne Hecke	43 m²
Gesamtgartenfläche:	130 m²

Planung: Teja Trüper, Christoph Gondesen, Lübeck

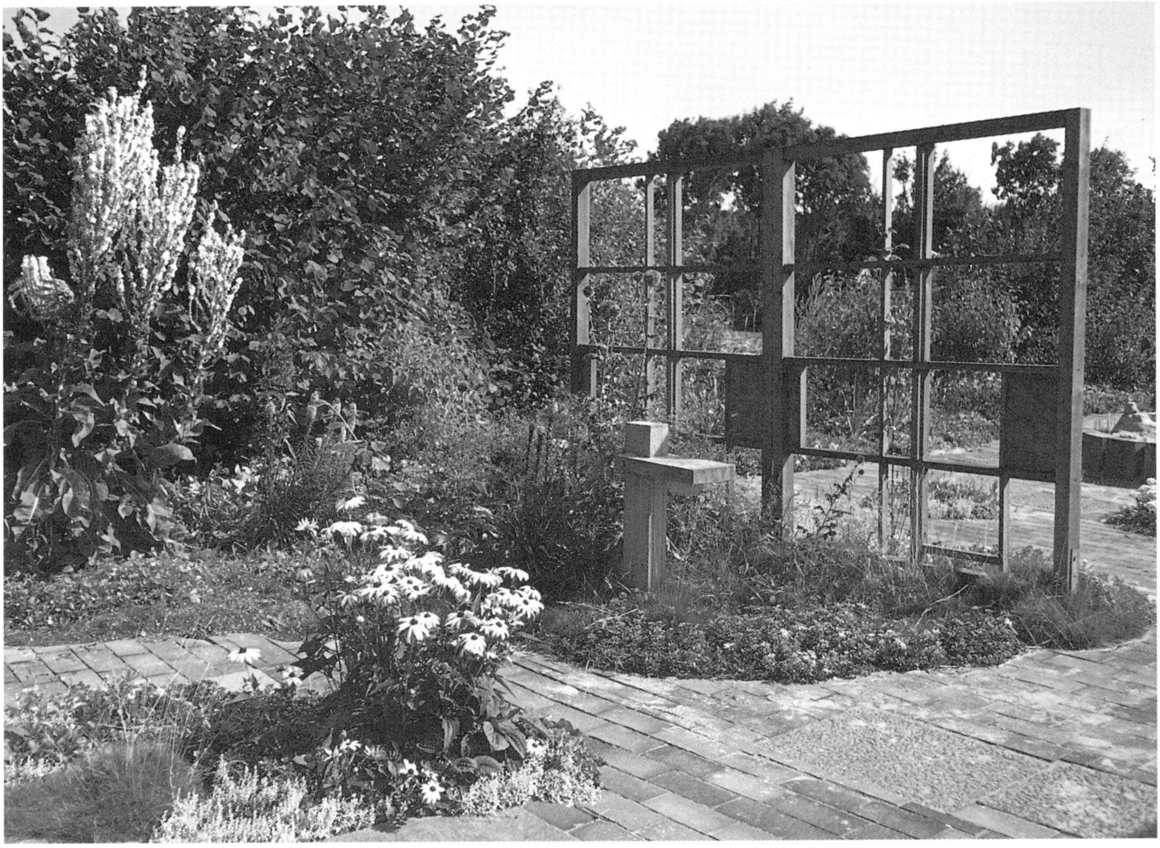

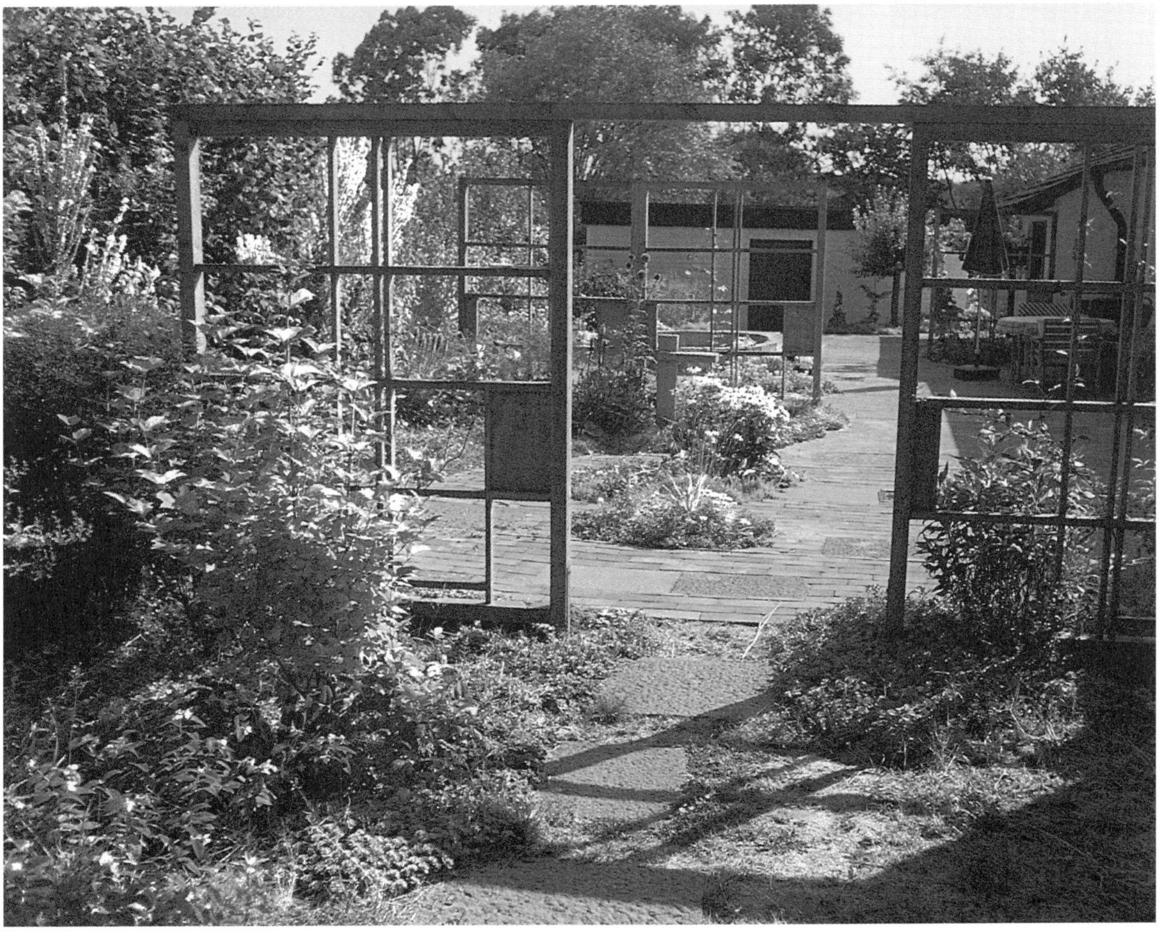

DER EINFACHE REIHENHAUSGARTEN

Geringe Pflege trotz Staudenpflanzung

Stauden sollten im Garten nicht fehlen, obwohl die Besitzer aufgrund vieler anderer Engagements mit Zeit für die Gartenarbeit nicht gesegnet sind.

Besteht der Wunsch nach Beetstauden, die prinzipiell Mühen im Laufe eines Jahres kosten, so muß die richtige Größenordnung dafür gefunden werden.

Angelehnt an eine Hecke oder als Raumteiler zwischen Terrassen lassen sich Staudenpflanzungen gut zur Geltung bringen. Da sie stets in Verbindung zu Gehölzen stehen wollen, bilden einmal jährlich zu schneidende Buchskugeln einen reizvollen Kontrast. Zu zwei Pfingstrosen und einer Strauchrose »Schneewittchen« gesellen sich Astern, japanische Anemonen, Margeriten-Arten, Lein, Katzenminze, Hirse, Bartfaden, Salbei, sowie flächig Waldanemone, Silberwurz, Majoran, Seifenkraut und als Frühjahrsblüher Maiglöckchen, Christrose und Blaustern. Als wintergrüne Unterpflanzung wirkt das blau, violett oder weiß blühende Immergrün.

Ein kleinkroniger Baum trennt den Plattenbelag der hausnahen Terrasse von dem zwei Stufen höhergelegenen Holzpflasterplatz.

Das Großgrün der Nachbargärten wirkt optisch raumvergrößernd auf den kleinen Garten. Aufgrund des geringen Ausmaßes der Staudenpflanzung von nur ca. 20 m² sowie gegliederten, aber insgesamt großflächigen Belagsflächen von ca. 55 m² und Restflächen in Form von Gehölzpflanzungen und Rasen ist der Garten als pflegeleicht einzustufen.

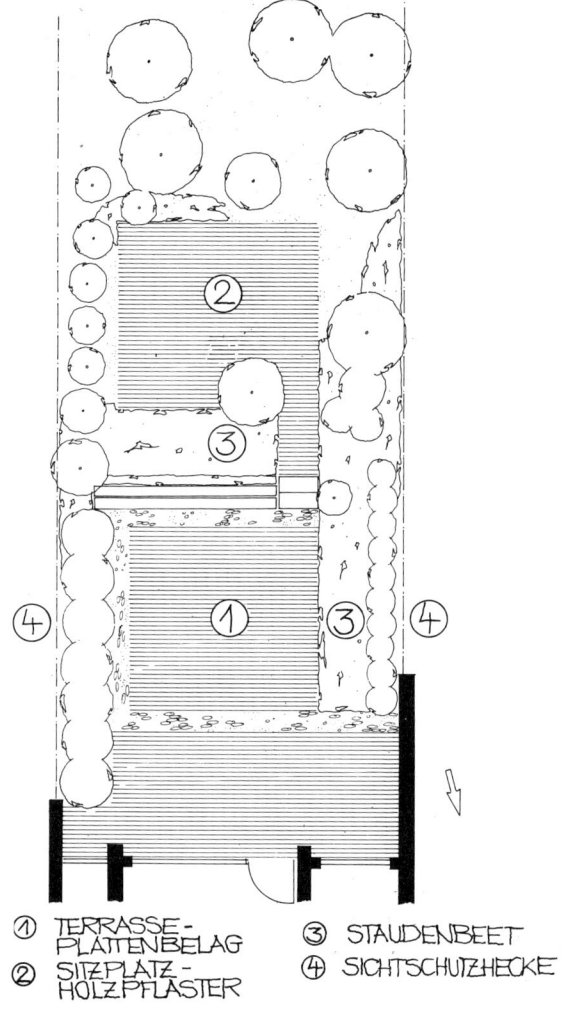

① TERRASSE - PLATTENBELAG
② SITZPLATZ - HOLZPFLASTER
③ STAUDENBEET
④ SICHTSCHUTZHECKE

Flächenbilanz:

Belagsfläche	55 m²
Staudenbeet (pflegeintensiv)	20 m²
Gehölz- und sonstige Fläche (pflegeextensiv)	65 m²
Gesamtgartenfläche:	140 m²

Planung: Johannes Mahl und Helmut Wartner, Landshut
(1. Fassung: Dr. Hermann Mosbauer, München)

135 Der Aufenthalt im Schatten des Gartenschirmes wird durch duftende Stauden verschönt.

136 Die lange Holzbank vor der geschnittenen Hecke trägt zur Großzügigkeit in einem kleinen Garten bei.

138   Der Rasenteppich ist von Fliederhecke und Holzspalieren räumlich gefaßt. Im Hintergrund der erweiterte Gartenbereich mit roter Sitzgruppe.

139   Pflegeintensives Staudenbeet unmittelbar am Haus, dessen Garten ansonsten pflegeextensiv ist.

RASENTEPPICH ALS GARTENMITTE

Einfache Gestaltung und einfache Pflege
in einem Reihenhausgarten

Einfacher kann ein Garten nicht sein - weder von seiner Gestaltung her, noch von der damit zusammenhängenden Pflege. Über die Breite des Hauses erstreckt sich eine Holzterrasse, von der aus man über drei Stufen in den tiefer gelegenen Gartenteil gelangt. Die Hauptgartenfläche bildet ein ruhig wirkender, streng architektonischer Rasenteppich, der durch die quadratischen Klinkerplatten des allseitig umlaufenden Weges begrenzt ist. Zwischen Terrasse und Rasenteppich befindet sich ein üppig blühendes Staudenbeet, das sich schon von seiner Größe her (4,50 x 2,50 m) leicht pflegen läßt.

Seitlich des Rasenteppichs zieren Kletterrosen an Holzspalieren die Nachbargrenzen und bringen Raumgefühl und Perspektive in den Garten. Da sich der Garten in einem zweiten Teil erweitert, wird das strenge hausnahe »Gärtlein« mit kulissenartig versetzt angeordneten Fliederhecken vom rückwärtigen »romantischen Garten« optisch getrennt.
Für das junge Architektenehepaar, das in diesem Haus wohnt und arbeitet, ist das Verhältnis von Freude und Arbeit im Garten genau richtig ausgewogen.

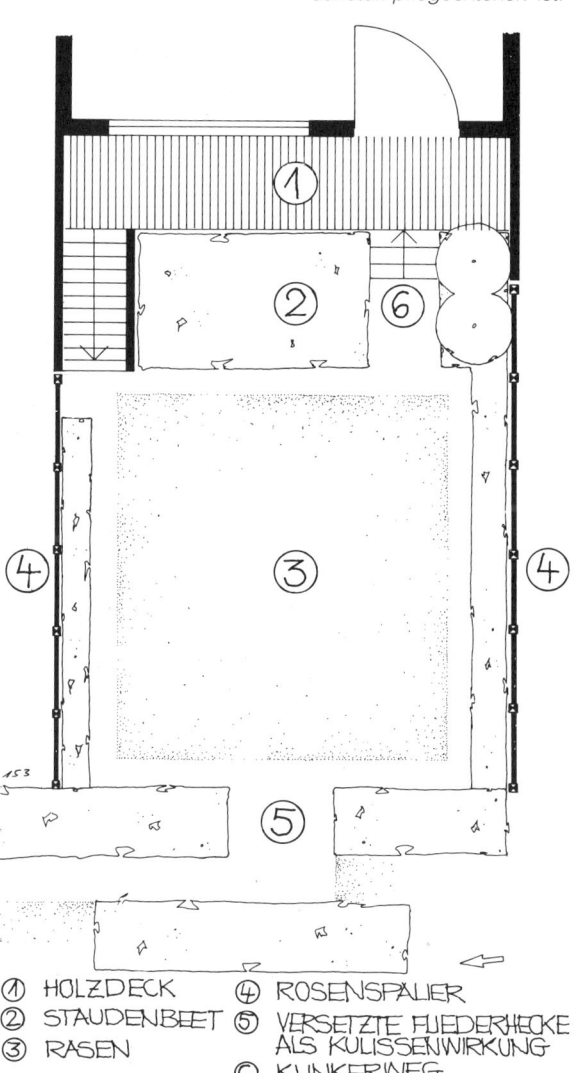

① HOLZDECK   ④ ROSENSPALIER
② STAUDENBEET ⑤ VERSETZTE FLIEDERHECKE
③ RASEN   ALS KULISSENWIRKUNG
                              ⑥ KLINKERWEG

Flächenbilanz:

Wege- und Terrassenfläche (pflegeextensiv)	40 m²
Rasen (mähen)	50 m²
Stauden- und Rosenbeete (pflegeintensiv)	20 m²
Hecke (einmal jährlich schneiden)	15 m²
Gesamtgartenfläche:	125 m²

Planung: Architekt Franz Peter, München mit Wolfgang H. Niemeyer

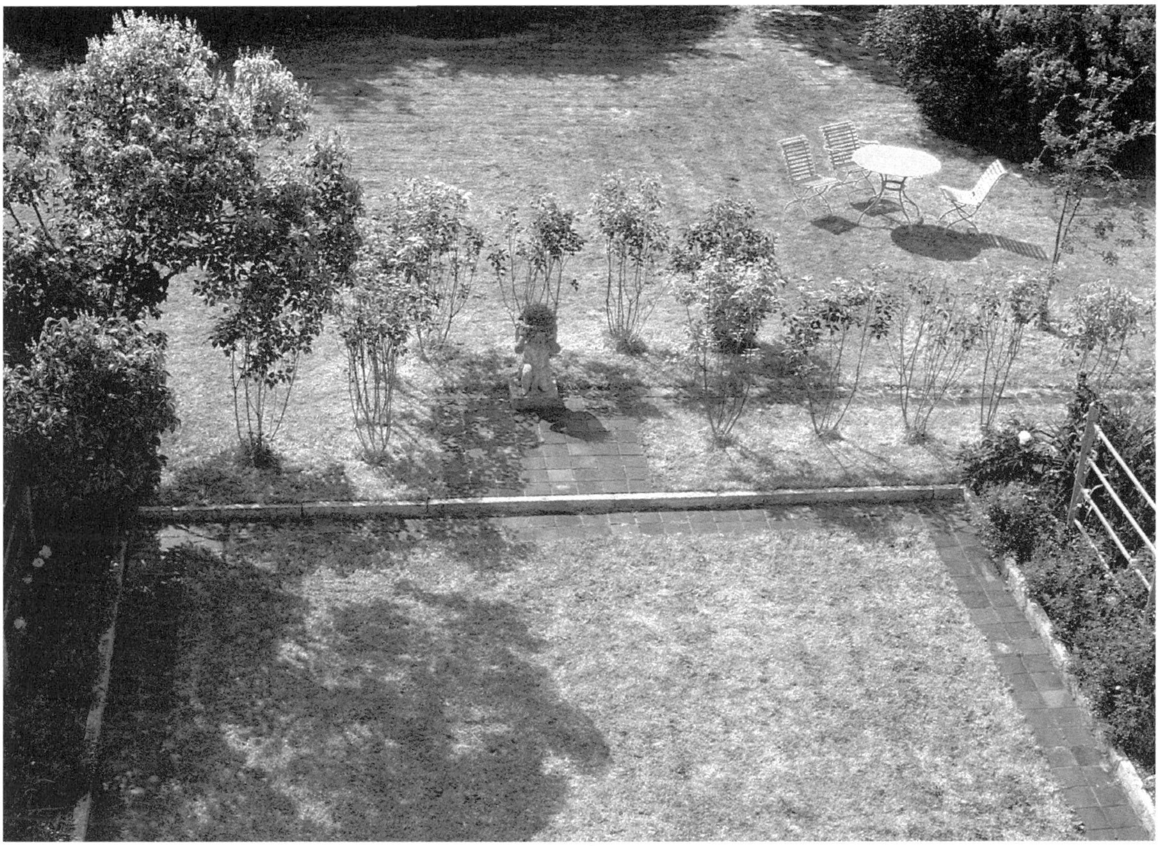

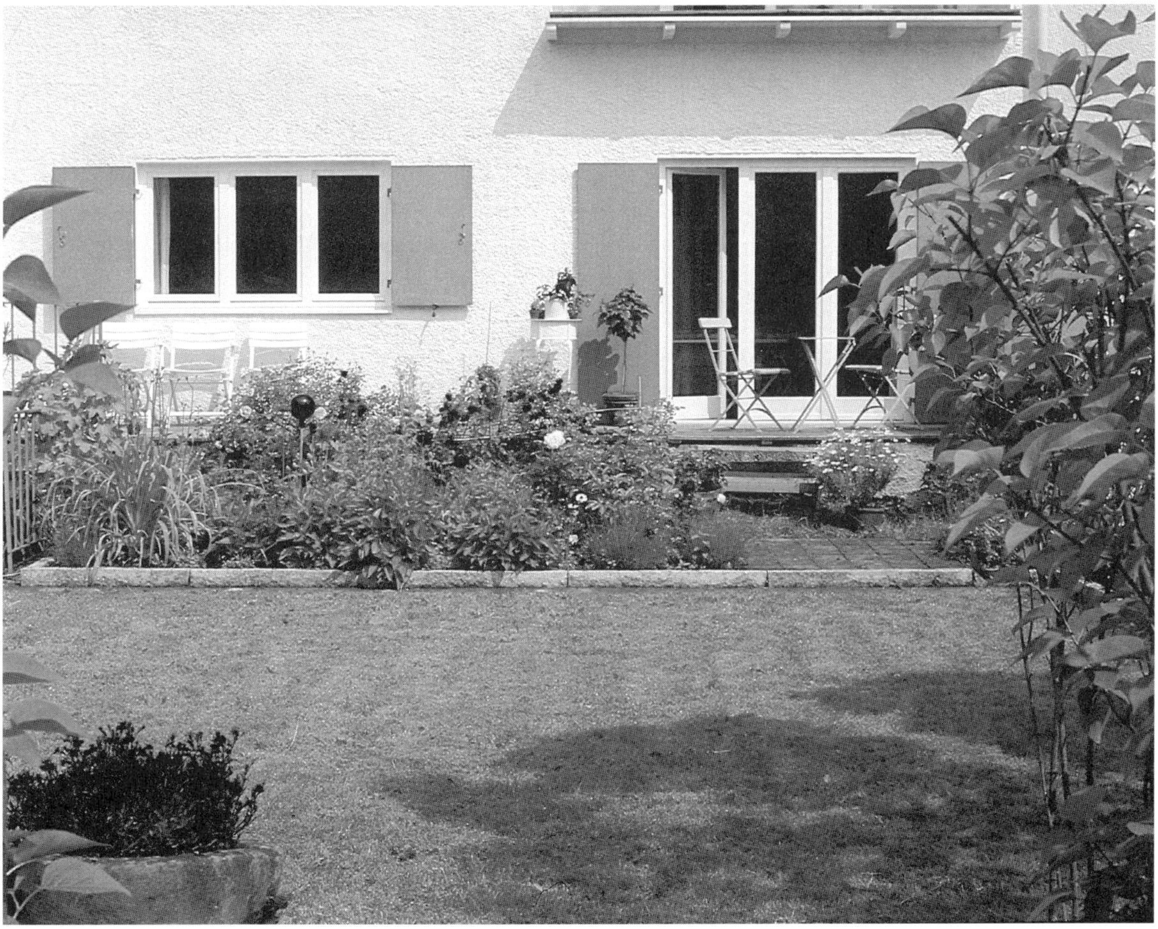

BÜROGARTEN MIT PFLANZTREPPE

Pflegeminimierung durch natürliche
Gestaltung

Durch naturnahe Gartengestaltung mit Wiesen, Obstbäumen, Teich und Brunnen entsteht eine pflegeextensive und daher als Büroumfeld geeignete Gartenlandschaft.
Der Landschaftsarchitekt bemerkt hierzu:
»Da die Praxis des Bauherrn z.T. im Keller liegt, wurde die vorhandene steile Kellertreppe abgebaggert und der gesamte untere Bereich mit einer Pflanztreppe aus Naturstein gebaut versehen.
Der Tritt wurde z.T. bepflanzt, so daß eine begrünte Treppenanlage entsteht, die an allen Stellen auch begangen werden kann. Die Treppenanlage ist pflegeleicht mit bodendeckenden Stauden bepflanzt und durch einzelne, während des ganzen Jahres blühende Stauden gegliedert.
Der hochliegende Teil des Bürogartens ist natürlich gestaltet mit einer Teichanlage. Wasser wird im Umlaufverfahren über eine Pumpanlage sowohl zur Quelle des Teiches gepumpt, als auch zu einem kleinen Brunnen in Terrassennähe.
In verschiedenen Teilen des Bürogartens sind Sitzgelegenheiten untergebracht, so daß die Mitarbeiter sich dort in den Pausen im Schatten oder in der Sonne aufhalten können. An einer Stelle führt das Pflaster des Weges in den Teich hinein, so daß praktisch ein "Badestrand" entsteht.
Der Bürogarten ist mit einer indirekten Beleuchtung ausgestattet.«

Bepflanzung:

1. Der Garten wird von einer dichten Gehölzpflanzung abgegrenzt, die höhenmäßig zum Grundstück hin abfällt.
Arten wie Feuerdorn oder Berberitzen machen die Pflanzung schnell dicht und lassen nach wenigen Jahren kein Unkraut mehr aufkommen.
Vorgepflanzte Spiraeen, Potentillen, Deutzien oder japanische Quitten mittlerer Pflanzgröße, sowie bodendeckendes Immergrün, Dickanthere oder Johanniskraut verbinden sich zu einem geschlossenen, pflegeleichten Vegetationswulst.

2. Obstbäume und Beerensträucher benötigen in Relation zur Obsternte und den Freuden des ertragreichen Gartens wenig Pflege.
Neben Kirsche, Pflaume und Apfel sowie Himbeeren, Johannis- und Stachelbeeren nähren Weintrauben den Besitzer und seine Mitarbeiter in der Mittagspause.

3. Dankbare Begleiter eines jeden Gartens sollten Geophyten - Zwiebelpflanzen - sein. Sie sind in veredelten oder natürlichen Formen von hohem Zierwert, billig und besonders pflegeleicht.
Gegen Mäusefraß sollten sie zumindest in gefährdeten Gebieten mit Drahtkörben gepflanzt werden.
Im beschriebenen Garten tummeln sich vor allem auf der Pflanztreppe, unter den Obstbäumen und am Teich Blumenlaucharten, Buschwindröschen, Maiglöckchen, Krokus, Steppenkerze, Winterling, Schneeglöckchen, Lilienarten, Narzissen, Tulpen und Blausterne.

4. Neben der naturnahen Teichrandbepflanzung, die bei entsprechender Pflanzenauswahl und nach den Anfangsjahren des Zusammenwachsens der Gehölze, Stauden und Zwiebeln zu einem stabilen Bestand durchaus pflegeextensiv sein kann, soll noch besonderes Augenmerk auf die Pflanztreppe geworfen werden. Aus den wintergrünen, bodendeckenden Flächen von schnellwachsendem Efeu, Johanniskraut, Dickanthere und Immergrün ragen einzelne Gehölze mit besonderen Blüheffekten zu verschiedenen Jahreszeiten wie Bartblume, Zaubernuß und gelber Winterjasmin empor. Die immergrünen Flächen sind kombiniert mit sommergrünen Polsterstauden, mittelhohen Stauden und Solitärstauden.

Zur Vorstellung der Farbenpracht sind folgende geeignete Arten genannt:

Achillea filipendulina »Coronation Gold« - Schafgarbe
Aconitum x arendsii - Eisenhut
Alyssum sax. »Compactum« - Steinkraut
Anemone jap. »Honorine Jobert« - Japanische Anemone
Aster amellus »Sternkugel« - Sommeraster
Brunnera macrophylla - Kaukasusvergißmeinnicht
Centhrantus ruber »Coccineus« - Spornblume
Chrysanthemum-, Delphinium- und Phloxarten,Wiesenmargerite, Rittersporn und Phlox
Coreopsis »Sonnenkind« - Mädchenauge
Doronicum caucasicum - Gemswurz
Epimedium- und Helleborusarten - Efeublume und Christrose
Hemerocallis x hybr. »Golden Scepter« - Taglilie
Iberis sempervirens »Zwergschneeflocke« - Schleifenblume
Monarda x hybr. »Prärieband« - Indianernessel
Paeonia anemoneflora »Rosea« - Pfingstrose
Rudbeckia sull. »Goldsturm« - Sonnenhut
Trollius yunnanensis - Trollblume
Waldsteinia ternata - Waldsteinie

Zusätzlich befinden sich Zwiebeln (Punkt 3) in den Pflanzstufen.

5. Wie kompliziert stabile Pflanzengesellschaften zu planen und zu realisieren sind - besonders unter dem Aspekt der Pflegeerleichterung -, zeigt der Planungsaufwand des beschriebenen Gartens.
Neben den üblichen Plänen, wie Vorentwurf, Entwurf und Werkplan, wurden zusätzlich vier detaillierte Pflanzpläne erstellt:

1. Sträucher und Obst   M 1:100
2. Zwiebeln   M 1:100
3. Teichbepflanzung   M 1: 50
4. Pflanztreppe   M 1: 50

So natürlich und ausgeglichen der fertige Garten wirkt, so sorgfältig muß er vorher von einem Landschaftsarchitekten durchdacht und aufs Papier gebracht werden.

140 Pflegeeinfach bepflanzte Gartentreppe als Blickfang und Aufenthaltsort für Mitarbeiter der Arztpraxis.

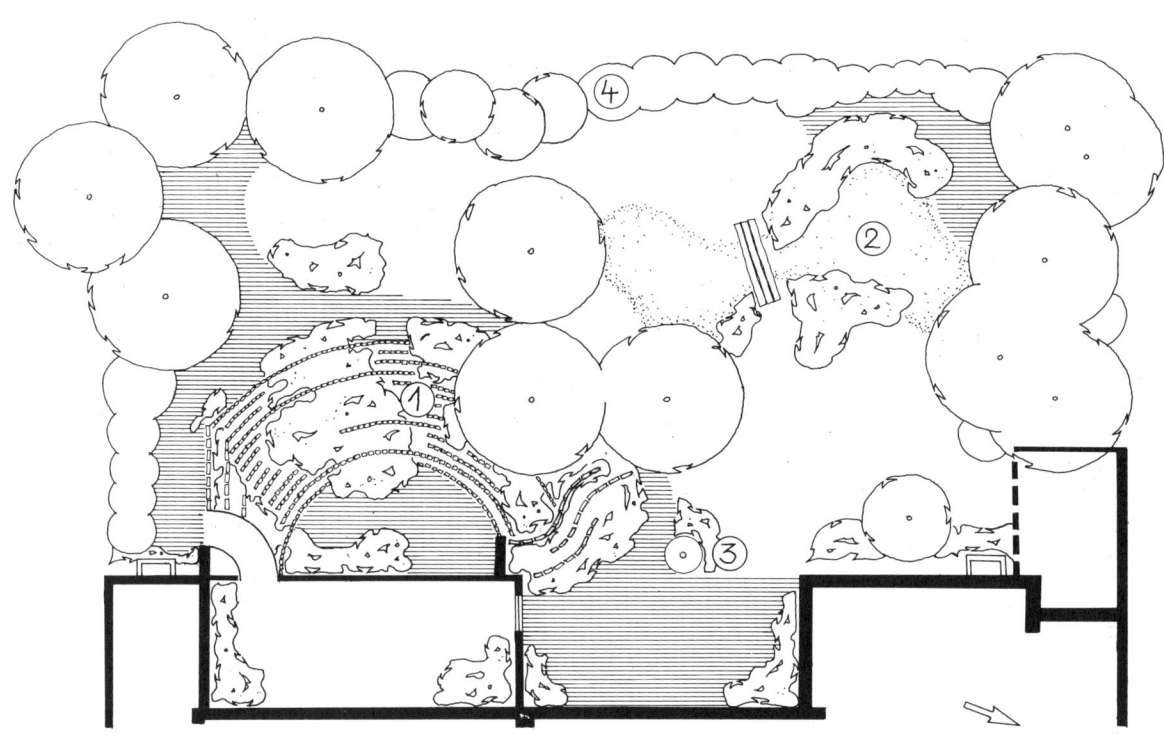

① BEPFLANZTE PALISADENTREPPE
② TEICH
③ BRUNNEN
④ DICHTE RANDPFLANZUNG

Flächenbilanz:

Wege- und Platzfläche (pflegeextensiv)	40 m²
Wiese (pflegeextensiv)	45 m²
Extensive Pflanzfläche	35 m²
Teich	12 m²
Gesamtgartenfläche:	132 m²

Planung: Horst Calles, Köln

142   Natürlicher Höhenver-
sprung in Form einer grü-
nen Treppe.

143   Am und im Teich lassen sich zahlreiche Natur-
ereignisse beobachten.

144   Der Brunnen im Gar-
ten sorgt für das akustische
Wassererlebnis.

145   In der Treppenanlage
integrierter Obstbaum.

GARTENPLÄTZE RUND UMS HAUS

Pflegeminimierung durch Anordnung der
intensiv genutzten Gartenteile unmittelbar am
Haus

Ein Garten in ländlicher Idylle mit Blick auf eine Waldlichtung muß vom Grundkonzept her
auf die Landschaft, in der er realisiert wird,
abgestimmt sein. Geschickt werden am Ortsrand von Kirchseeon Garage und Geräte-
schuppen durch bewegte Bodenmodellierung
in den natürlichen Hang des Grundstücks integriert sowie deren Dächer geringfügig humisiert und extensiv bepflanzt, so daß der Übergang vom Garten zur Landschaft für das Auge
nahezu unmerklich vonstatten geht.
Sitzplätze und benutzbare »Aufenthaltsräume«
im Garten befinden sich unmittelbar am Haus,
teils auf unterschiedlichem Höhenniveau, wiederum an das natürliche Gelände angepaßt.
Während der Hauptteil des Gartens Wiesen-
charakter hat, bereichern wenige, gezielt aus-
gewählte Gehölze, Stauden und Gräser die
nahe am Haus gelegenen Terrassen.
Im gesamten Garten gibt es ausschließlich
Kieswege und -plätze, lediglich die Haupt-
wohnterrassen der zwei Familien, die in dem
Haus und Garten leben, sind angenehm zu
begehende Holzdecks.
Wo man nicht auf Stühlen sitzen kann, reizen
einzelne Findlinge oder Trockenmauern zum
kurzen Verweilen.
Der Garten, der in seiner sensiblen Gestaltung
und »duftigen Leichtigkeit« ein besonderes
Gefühl der Lebensfreude ausstrahlt - die hell-
gelbe Schafgarbe, die sich im Wind bewegen-
den Gräser, der dunkelblaue Rittersporn oder
die weiß über das Sitzmäuerchen hängende
Rose tragen dazu bei -, kann zudem als ziem-
lich pflegeextensiver Garten eingestuft werden. Die Funktionen im Garten sind benutzer-
orientiert geplant; somit beschränken sich intensiver zu pflegende Staudenbeete auf den
nahen Terrassenbereich.

146   Sind die Gartenstühle
besetzt, läßt es sich auch
auf der Trockenmauer sit-
zen. Auf der großen Stein-
platte können Gläser für
den Empfang im Garten
abgestellt werden.

Flächenbilanz:

Wege- und Terrassenfläche (pflegeextensiv)	220 m²
Wiese (pflegeextensiv)	170 m²
Extensive Dachbegrünung	65 m²
Extensive Gehölzpflanzung	200 m²
Intensive Stauden- und Nutzgartenpflanzung	130 m²
Gesamtgartenfläche:	785 m²

Planung: Wolfgang Barth, München
Architekt: Franz Kolb, München

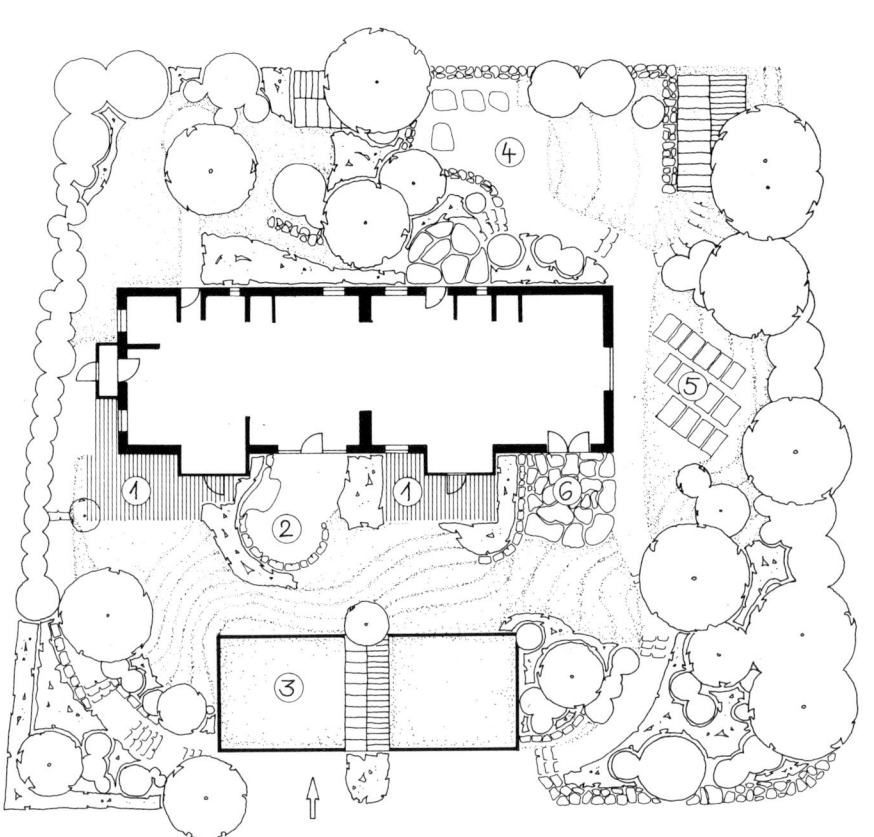

① HOLZDECK
② KIESTERRASSE
③ GARAGENDACH MIT EXTENSIVGRÜN
④ SCHATTENPLATZ
⑤ NUTZGÄRTCHEN
⑥ PLATTEN MIT PFLANZFUGEN

148 Höhengestaffelte Holzterrasse und Kiessitzplatz mit wenig, aber ausdrucksstarker Bepflanzung unmittelbar am Haus - Übergang in die pflegeeinfache Wiese.

149   150

149 Tisch und Stühle zwi-   150 Natürlich über die
schen Wildstauden unter   Trockenmauer hängende
dem Obstbaum.   weiße Strauchrose.

151   Der ländlich bescheidene Kiesweg, der zur Haus-
türe führt, paßt in das an die
umgebende Landschaft an-
gelehnte Gartenkonzept und
ist zudem der ökologischste
und am wenigsten den Bo-
den versiegelnde Belag.

KEIN GARTEN FÜR DEN RASENMÄHER

Pflegeminimierung durch spezifische Material-
auswahl und Pflanzenverwendung

152 Eine Welt von Kies,
Wasser, Weiden und La-
vendel.

Ein Garten muß nicht immer aus den traditionellen Elementen Rasen, Staudenbeet und Gehölzpflanzung bestehen. Wird der Kies aus dem Flußbett der Isar z.B. zum Hauptgestaltungselement im Garten, kann auf den Rasen und zugleich auf das Rasenmähen völlig verzichtet werden.

Modellierte Kiesschüttungen ausreichender Stärke lassen bei sauberer Ausführungsarbeit nicht so schnell Unkraut aufkommen. Wildkrautbewuchs durch Anflug von Samen aus Nachbargrundstücken kann der Gartenbenutzer entweder dulden oder gelegentlich eingreifend ohne große Mühe steuern.

So vielfältig die Gartenlandschaft wirkt - der Wechsel von Schotter- und Wasserflächen, graublau-bereifte, felsig oder silbrig weiße Blattstrukturen, sich im Wasser spiegelnde Binsen und duftende Lavendelbüsche im Kies sowie die Möglichkeit, sich auf eine Holzterrasse am Haus zurückzuziehen und die Wasserlandschaft in den verschiedenen Stimmungen zu überblicken -, so einfach und überzeugend ist die Idee der Gestaltung.

So kann ein kleiner Garten ohne den Zwang zur intensiven Pflege ein ganz besonderes Gartenerlebnis darstellen.

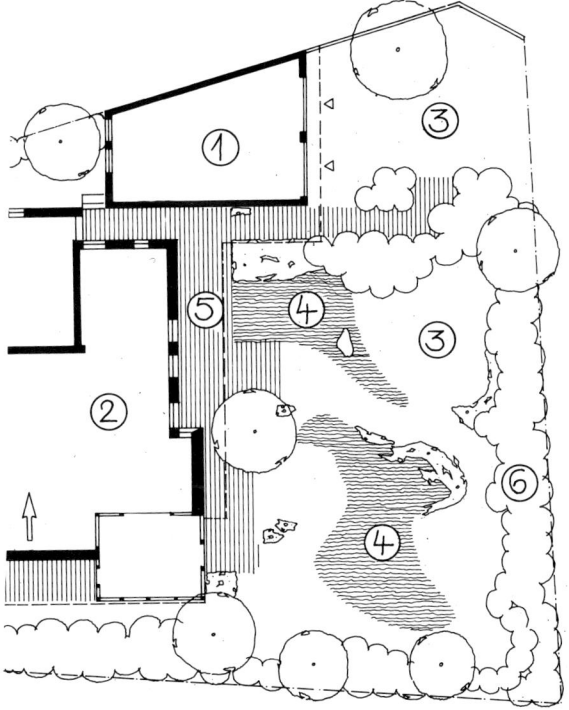

① GARAGE
② WOHNHAUS
③ KIESFLÄCHE
④ WASSERFLÄCHE
⑤ HOLZDECK
⑥ WEIDEN UND STRAUCHROSEN

Flächenbilanz:

Holzdeck	65 m^2
Kiesflächen	120 m^2
Wasserflächen	45 m^2
Pflanzflächen (pflegeextensiv)	105 m^2
Gesamtgartenfläche:	335 m^2

Planung: Michael Scharl, Vilsheim

PFLANZLISTE

1. Bäume

Ailanthus altissima - Götterbaum
Apfel - Hochstamm
Elaeagnus angustifolia - Ölweide
Gleditsia triacanthos - Lederhülsenbaum
Kirsche - Hochstamm
Robinia pseudoacacia - Robinie, Scheinakazie
Sorbus aucuparia - Vogelbeerbaum

2. Kletterpflanzen

Hedera helix hibernica - Großblättriger Efeu
Parthenocissus tricuspidata »Veitchii« - Wilder Wein, selbstklimmend

3. Gräser und Stauden

Lavandula angustifolia - Lavendel
Miscanthus sinensis - Silberfeder (Chinaschilf)
Rodgersia aesculifolia - Schaublatt
Scirpus lacustris - Seesimse
Typha laxmannii - Rohrkolben

4. Sträucher

Cornus mas - Kornelkirsche
Corylus - Haselnuß, veredelte großfruchtige Sorten
Crataegus laevigata - Rotdorn
Crataegus monogyna - Weißdorn
Elaeagnus angustifolia - Ölweide
Ilex aquifolium - Waldhülse
Ligustrum vulgare Atrorubens - Immergrüner Liguster
Ribes aureum - Goldjohannisbeere
Rosa canina - Hundsrose
Rosa alba »Suaveolens« - Weiße Rose
Rosa centifolia Crimson Gl. - Moosrose
Rosa centifolia »Muscosa« - Moosrose
Rosa rubiginosa - Weinrose
Rosa pimpinellifolia »Frühlingsmorgen« - Einmalblühende Strauchrose
Salix acutifolia var. pendulifolia - Kätzchenweide
Salix purpurea Nana - Niedrige Purpurweide
Salix repens argentea - Silberkriechweide

154   Lavendel als Farbtupfer und »Duftwolke« im Kiesbett.

155 Ein reizvoller Garten,
der auf Rasen verzichtet.

DER PFLEGEEINFACHE GARTEN »PAR EXCELLENCE«

Beschränkung auf Rasenmäharbeiten

Perfektion zeichnet den sowohl pflegeeinfachen als auch großzügig gestalteten Parterregarten aus. Die weite Terrassenfläche aus großformatigen Gartenplatten geht stufenlos in das Rasenparterre über. Alles weitere im Garten wirkt nebensächlich und tritt gegenüber der Großräumigkeit und Weite der grünen Rasenebene zurück. Als Übergang vom Rasen zur äußerst schmalen Staudenrabatte am Fuße der straßenabschirmenden Gehölzpflanzung sind U-Steine aus Carrara-Waschbeton mit einer Doppelfunktion entwickelt worden: Geländeabstützung für die Bepflanzung und gleichzeitig Rasenmähkante. Der Terrassenbelag ist ein heller Granit, welcher farblich der U-Steinumrandung angepaßt ist.

Sicher verlangt der Rasen einen regelmäßigen Schnitt, um das Schattenspiel der am Rand des Gartens stehenden Großbäume auf der glatten Oberfläche zu gewährleisten; sicher muß bei solch einem Gartenkonzept im Herbst das Laub sorgfältig vom Rasenteppich gekehrt werden, um die Wirkung der Perfektion nicht zu gefährden. Sonst fallen allerdings kaum Arbeiten an, zudem bei einem strengen Rasenparterre die umrahmende Gehölz- und Staudenkulisse durchaus mal etwas verwildern darf.

Manche werden den Garten für langweilig erachten. Es kommt hierbei sehr auf einen gestalterisch hochwertigen Bodenbelag und eine hervorragend stabile Rasenmischung an. Je einfacher ein Garten, desto schwieriger und anspruchsvoller ist seine Gestaltung.

Flächenbilanz:

Die Gartenpflege beinhaltet vorwiegend Rasenmäharbeiten. Sonstige anfallende Gartenarbeiten erstrecken sich über geringfügige Flächen.

Planung: Helmut Nosbüsch, Düsseldorf-Grafenberg

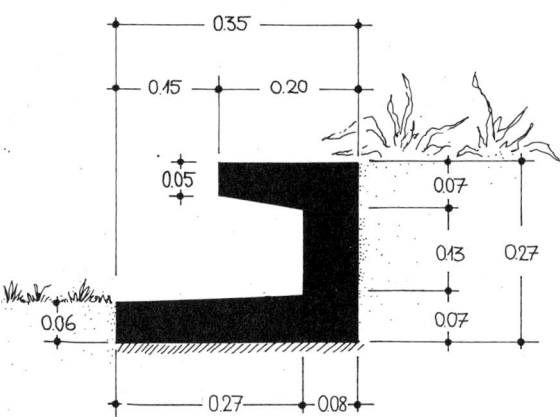

156 Garten während der Bauzeit.

157 U-Stein aus Carrara-Waschbeton zur Geländeabstützung und als Rasenmähkante.

159   Rasenmähkante als strenger, akkurater räumlicher Abschluß.

158   Rasenparterre mit umgebender Bepflanzung.

158

159   Rasenmähkante als strenger, akkurater räumlicher Abschluß.

EIN GROSSER GARTEN EINFACH GESTALTET

Minimierung des Pflegeaufwandes durch das richtige Verhältnis von Platz-, Wege-, Rasen- und Pflanzflächen

Soll die Pflege in einem großen Garten von ca. 10.000 m^2 auf ein Minimum reduziert werden, bedarf es einer sorgfältigen Planung vor allem hinsichtlich der Größenordnungen von Pflanzflächen, befestigten Flächen und Rasen-, Wiesenflächen und ihrer Lage zueinander. Plan und Flächenzusammenstellung verdeutlichen das für den Gartenbesitzer praktikable Pflegekonzept.

Die intensiv zu pflegenden Pflanzflächen beschränken sich mit ca. 300 m^2 auf Terrassenbereiche und Gemüsegarten unmittelbar am Haus. Pflegeextensive Pflanzungen befinden sich in Form von Gehölzen kombiniert mit Bodendeckern und Gehölzrandstauden als Vorpflanzung in einer Größenordnung von 1.500 m^2 an den Rändern des Gartens.

Von den gesamt ca. 7.700 m^2 Rasen-, Wiesenflächen werden 2.700 m^2 als Wiese nur drei- bis viermal pro Vegetationsperiode gemäht. Sollte das Bedürfnis des Gartennutzers bestehen, die Wiesenflächen aus Pflegegründen noch weiter auszudehnen und die Rasenflächen zu verringern, so ist dies jederzeit möglich.

Selbstverständlich bedeutet ein Garten dieser Ausmaße generell mehr Arbeit als ein kleiner Garten. Andererseits kann in einem großen Garten das Laub eher unter einem Baum liegen bleiben oder innerhalb Pflanzflächen zur Mulche dienen, als aus Platzgründen in einem kleinen Garten.

Für die beiden berufstätigen Besitzer des Anwesens erfordert der Garten trotz blühender Blumen während der gesamten Vegetationsperiode und trotz großer Rasenflächen, die gemäht sein wollen, nicht viel Pflegeaufwand.

Zum Konzept der Anlage erläutert die Landschaftsarchitektin:

»Mit der Fertigstellung des Wohnhauses 1977 wurde der Garten in den Grundzügen von einem Gartenbauunternehmen angelegt. Aus dieser Zeit stammen zwei kleinere Terrassen am Haus, der Garagenvorplatz, Rosenbeete und das Grundgerüst der Gehölzpflanzung.

Am Rand des Grundstücks wurden überwiegend Ziersträucher und Nadelgehölze gepflanzt, die einen einheitlichen Pflanzstreifen von drei bis fünf Metern Breite und zwei bis fünf Metern Höhe bildeten. Die Flächen unter den Gehölzen verunkrauteten mit Quecke, Giersch und Löwenzahn. Die Blüte im Garten beschränkte sich im wesentlichen auf frühjahrsblühende Ziersträucher und Rosen.

1986 wünschten die Bauherren eine Umgestaltung des Gartens und beauftragten einen Landschaftsarchitekten. Unter Berücksichtigung der Wünsche der Bauherren ergaben sich für die Planung folgende Schwerpunkte:

- Der Streifen aus Nadelgehölzen und Ziersträuchern am Rand des Grundstücks wird mit heimischen Großbäumen und attraktiven Sträuchern ergänzt. Die Sträucher sollen über das Jahr verteilt blühen und eine lebhafte Herbstfärbung aufweisen, zugleich müssen sie zu dem vorhandenen Bestand passen. Exotische Nadelbäume und unscheinbare Füllsträucher wie Strauchmispel und Schneebeere wurden zugunsten der Ergänzungspflanzung entnommen.

- Der gartenzugewandte Gehölzrand wird mit Strauch- und Heckenrosen sowie mit vital wachsenden Halbschattenstauden ergänzt, die den Boden inzwischen gänzlich bedecken und zusätzliche Farbe in den Garten bringen. Der zur Gartenaußenseite orientierte Teil des Gehölzstreifens wird mit dem anfallenden Mähgut gemulcht und bleibt so weitgehend unkrautfrei. Die Pflege dieser Pflanzung beschränkt sich auf zweimaliges Unkrautzupfen im Jahr, wobei der Aufwand von Jahr zu Jahr geringer wird, da Bodendecker und Stauden fast kein Unkraut mehr durchlassen.

- Die Familie wollte aus dem Garten ungespritztes Obst, biologisch gezogenes Gemüse und Kräuter ernten. Obst- und Gemüsegarten wurden in streng geometrischer Form angelegt, da sie formal in Bezug zu der modernen Architektur stehen. Der Gemüsegarten erinnert formal an ein Bauerngärtchen, die verwendeten Materialien wiederholen sich in den Terrassenbelägen.

- Unmittelbar am Haus wurden die bestehenden Terrassen erweitert, umgestaltet und durch zusätzliche Sitzgelegenheiten ergänzt. Kübelpflanzen und Sommerblumen verleihen dem Bereich am Haus, je nach Jahreszeit, einen anderen Charakter.
- Die großzügigen, regelmäßig geschnittenen Rasenflächen gehen in den Randbereichen in extensiver gepflegte Wiesenflächen über. In der Wiese blühen im Frühjahr über vier bis sechs Wochen mehrere Tausend Narzissen.

Hier wird erst nach dem Einziehen des Narzissenlaubes gemäht.
- Außer am Haus gibt es in dem Garten keine befestigten Wege. Die unterschiedlichen Bereiche im Garten sind nur durch Rasenwege erschlossen.«

160 Große Wiese mit Obstbäumen und Narzissenfeldern im Frühjahr.

162 Der Übergang des
hausnahen pflegeintensi-
ven Bereiches zu pflege-
einfacher Wiese und
Gehölzkulisse.

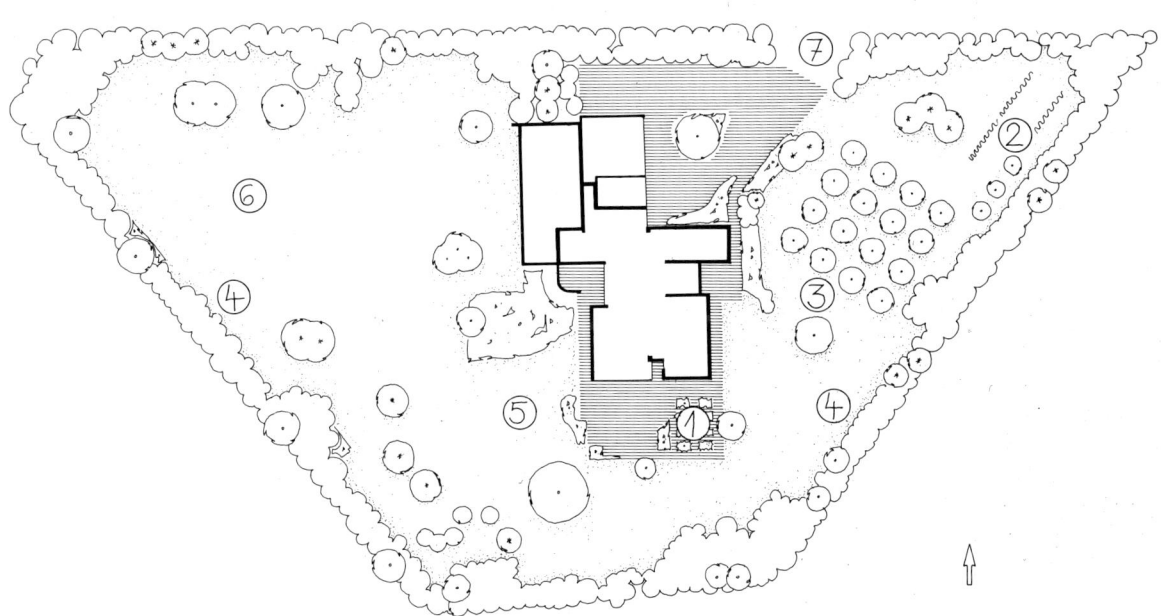

Flächenbilanz:

Pflanzflächen am Haus (pflegeintensiv) 300 m²

Gehölzpflanzung mit Bodendeckern
und Gehölzrandstauden als
Vorpflanzung (pflegeextensiv)   1.500 m²

Befestigte Flächen am Haus,
inkl. Garagenzufahrt
(Wege im Garten gibt es nur
als gemähte Rasenwege)   500 m²

Rasenflächen: Mahd alle drei
bis vier Wochen   5.000 m²

Wiesenflächen mit Blumenzwiebeln
zum Verwildern: Mahd drei-
bis viermal im Jahr   2.700 m²

Gesamtgrundstück   10.000 m²

Planung: Monika Treiber, Herrsching

① GEMÜSE-/KRÄUTERGARTEN
② HIMBEER-/BROMBEERSPALIER
③ OBSTBÄUME
④ GEHÖLZRAND MIT SOLITÄR-
   STAUDEN ALS BLICKFANG
⑤ RASEN
⑥ WIESE MIT NARZISSEN
   UND RASENWEGEN
⑦ EINGANGS-UND
   EINFAHRTSBEREICH

163 Überdachte
Gartenterrasse.

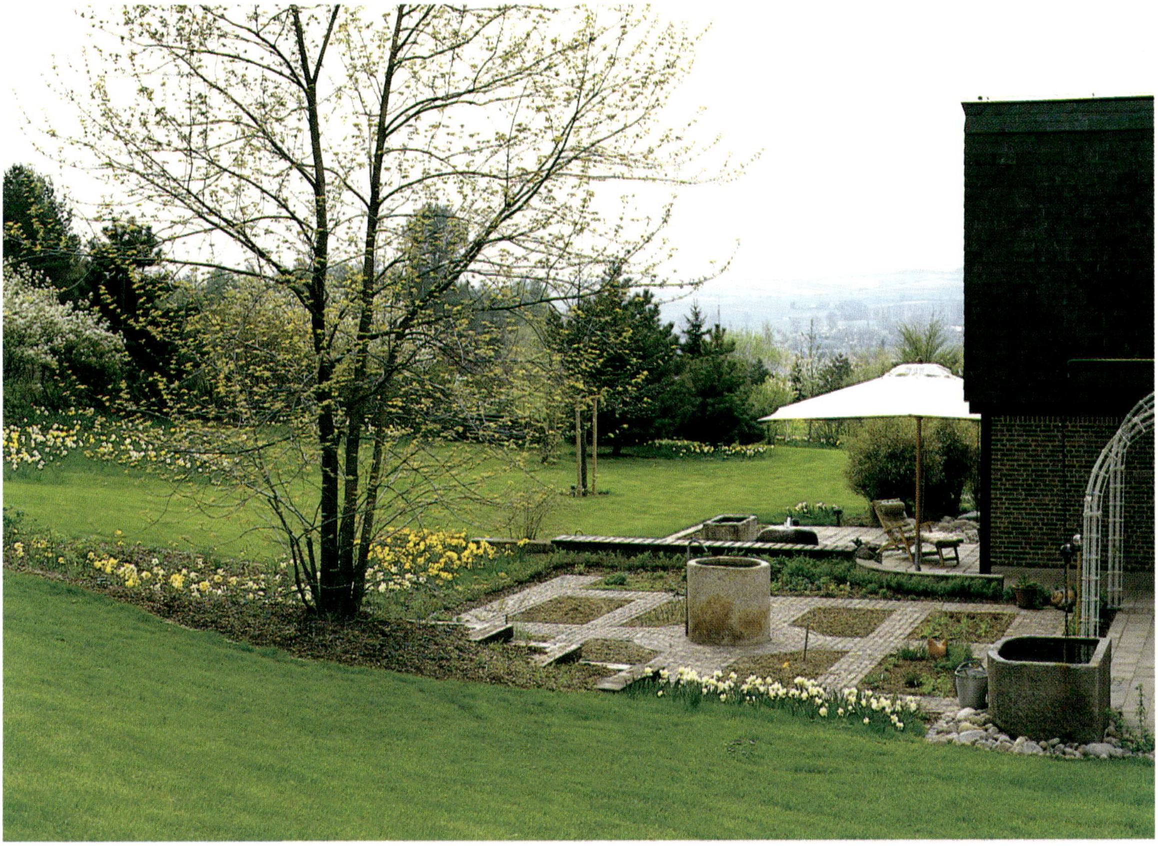

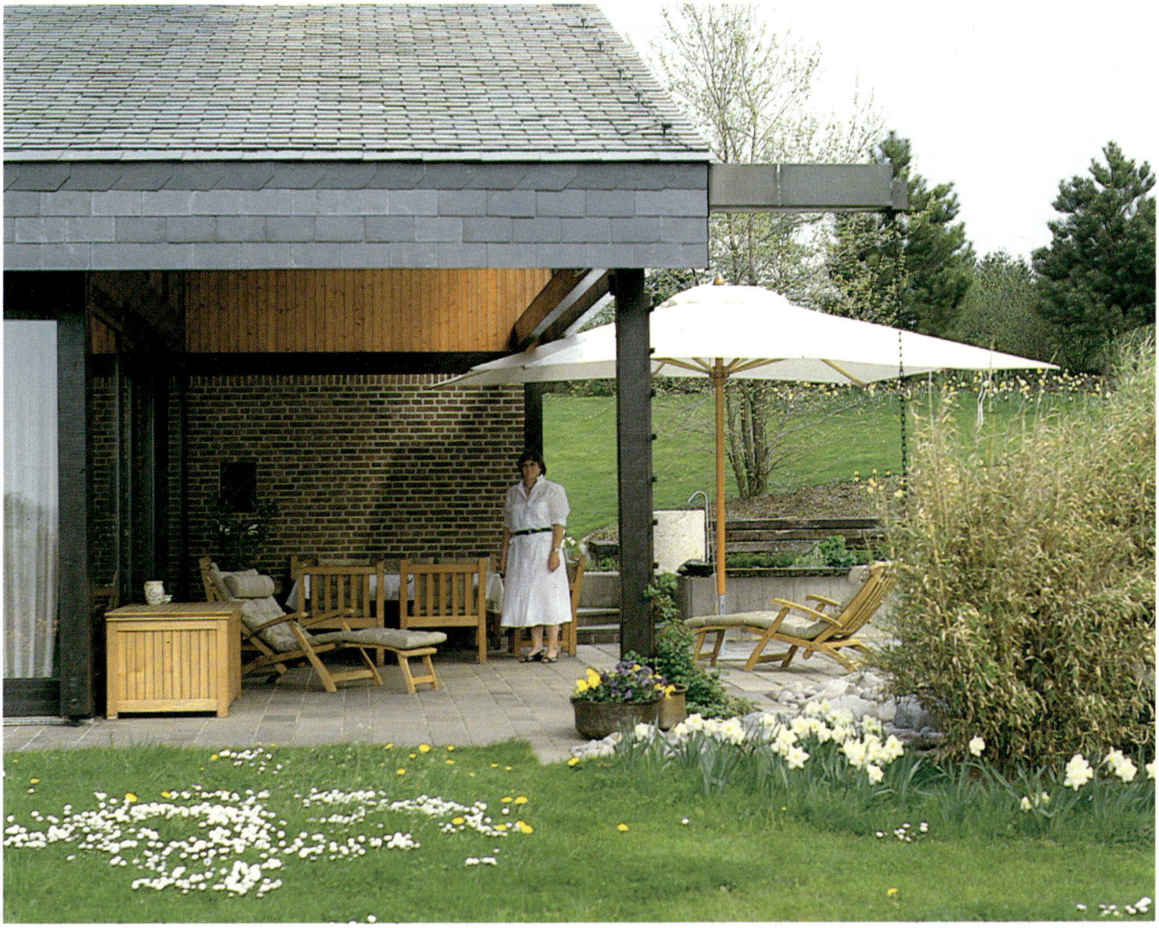

164   Pflegeeinfache Be-
pflanzung des Hausfußes
mit wintergrünen Gehölzen
und Bodendeckern.

165   Solitärstauden als
Blickfang vor der Gehölz-
kulisse.

166   »Pflegeeinfache«
Tonhühner als humorvoller
Gartenbeitrag.

167   Natürlicher Über-
gang von der Terrasse in
den Garten.

168 Wasserbecken mit
Gießkanne im Bereich der
pflegeintensiven Pflanzungen am Haus.

169 Überschaubare,
pflegeeinfache Kräuter-
beete im Pflasterbelag als
neue Interpretation eines
traditionellen »Bauerngartens«.

ALTSTADTGARTEN IN HILDESHEIM

Grüne Oase bei 20 Stunden Pflege im Jahr

Der Garten zu einem Barockhaus aus dem Jahre 1725 liegt direkt am einzig erhaltenen Wehrturm der Altstadt von Hildesheim. Sowohl das Haus mit Eichenfachwerk, Lehmschlag, Holzdielen und Sandsteinfundament als auch der Garten mit alten Obstbäumen wurden im Laufe von 13 Jahren renoviert.

Neben einem Sitzplatz, Brunnen und überdeckter Eßecke entstanden ein Gewächshaus für subtropische Pflanzen und ein PKW-Unterstand aus Fachwerk mit Eindeckung alter handgearbeiteter Dachpfannen. Die Belagsflächen wurden aus dem stadt- und hofüblichen Klinkerpflaster hergestellt. Aus einer Zisterne, die das Regenwasser des Hauses aufnimmt, wird der Brunnen gespeist; auch die Gartenbewässerung erfolgt über die Zisterne.

Der Gartenhof ist ca. 330 m² groß und bietet bis zu 100 Personen Platz bei Altstadtfesten, Grillabenden oder Konzerten.

Zur Pflege äußert sich der im Haus und Garten wohnende Landschaftsarchitekt:

»Die Gartenpflege beschränkt sich im Sommer auf ca. einmal eine Stunde wöchentlich Unkraut entfernen, sowie im Frühjahr das Abschneiden der alten Krautteile der Stauden und im Herbst etwa drei bis vier Stunden für das Entfernen und Kompostieren des Laubanfalls. Alle zwei bis vier Jahre wird ein Auslichtungsschnitt der alten Obstbäume durchgeführt.« Durchschnittlich kann von ca. 20 Stunden Pflege im Jahr ausgegangen werden.

1988 erhielten die Eigentümer den Umweltpreis der Stadt Hildesheim.

① HISTORISCHE STADTMAUER
② GEWÄCHSHAUS
③ PKW-STELLPLATZ
④ LAUBE
⑤ ALTER OBSTBAUM

Flächenbilanz:

Wege- und Platzfläche (pflegeextensiv)	215 m²
Wasserfläche	25 m²
Pflanzfläche	90 m²
Gesamtgartenfläche:	330 m²

Planung: Martin Heimer, Hildesheim

171 Grüner Gartenhof inmitten der Altstadt.

172 Hortensie vor einem mit Efeu bewachsenen Baum und Klinker als bewährte Elemente eines Altstadtgartens.

175   Von der Pflegeintensität her vereinfachter Garten 1990 mit neu gestalte-
tem Buchsrondell, Stau-
denachse und Rankbogen
als Achsenendpunkt (siehe
auch Abbildung S. 68/69).

EIN GARTEN UM DIE JAHRHUNDERT-WENDE - NEU GESTALTET

Der vereinfachte Garten

Das Konzept des um die Jahrhundertwende mit zahlreichen Staudenrabatten angelegten geometrischen Gartens sollte erhalten, aber von der Pflegeintensität her vereinfacht werden.

Die auf alten Fotos ersichtlichen Stauden-, Kräuter- und Gemüsebeete sind bereits zu einem früheren Zeitpunkt verschwunden. Diese wiederherzustellen wäre weder im Sinne des Bauherrn gewesen, dem die intensive Folgepflege nicht mehr zugemutet werden konnte, noch als ein gartendenkmalpflegerischer Akt von Nutzen gewesen.

Um das ehemalige Gartenkonzept heute zum Ausdruck zu bringen, wird die Fläche der früheren Staudenbeete als kurz gehaltene Rasenfläche im Gegensatz zu den angrenzenden, großzügigen Wiesenflächen gestaltet, wobei das vorhandene historische Wegekreuz mit mittigem Brunnen aufgenommen und gestalterisch betont wird. Um das Rondell sind neue Buchskugeln und -rabatten gepflanzt. Die Brunnentechnik wurde überholt, so daß ein feiner Wasserstrahl den Mittelpunkt des Achsenkreuzes bildet.

Lediglich die kürzere Querachse wird beidseitig von Stauden- und Sommerblumenrabatten begleitet, um eine Vorstellung der früheren Pflanzenvielfalt zu geben, aber auch eine für heute pflegemögliche Lösung anzubieten.

Die Endpunkte der Wegeachsen werden durch Rankbögen fixiert, sowie die Wege als Blickachsen in den landschaftlichen Gartenteil fortgesetzt. Der Weitblick führt im einen Fall auf eine Gartenplastik, im anderen Fall auf eine Azaleen- und Rhododendrengruppe im lichten Schatten der großen Bäume.

Die vom ehemaligen Gartenkonzept noch vorhandenen Heckenstücke wurden als räumliche Elemente erhalten, aber nicht mit weiteren Hecken ergänzt, um den streng axialen Gartenbereich nicht zu sehr vom übrigen Garten zu trennen.

Von der Funktion her wird der beschriebene Gartenteil vor allem zum Aufenthalt genutzt, der Bereich der blühenden Wiesen, die sich bis zum See und zum Badesteg hin erstrecken, und der großen Bäume bzw. Wäldchen dient mehr als Landschaftserlebnis.

Von der Gartendenkmalpflege her werden Originalteile übernommen, Funktionen neu interpretiert sowie neue Planungsdetails eingebracht.

Der Garten ist aufgrund eines Planungskonzeptes genau vorüberlegt und dann von gartenenthusiastischen Bauherren im Laufe von mehreren Jahren ohne Inanspruchnahme einer Gartenbaufirma besonders gelungen realisiert worden.

173   Historische Wegeachsen mit Springbrunnen und intensiver Gartennutzung um 1935.

Flächenbilanz:

Befestigte Fläche	280 m²
Rasen	920 m²
Wiese	1.990 m²
Stauden und Sommerblumen	180 m²
Gehölzpflanzung	150 m²
Gesamtgartenfläche	3.520 m²

Planung: Wolfgang H. Niemeyer, München

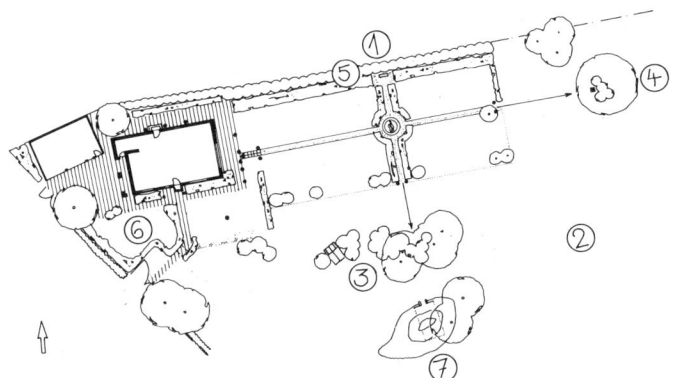

① HISTORISCHE WE-
   GEACHSEN MIT
   BRUNNENRONDELL

② WIESE/BAUMGRUP-
   PEN

③ RHODODENDREN

④ SKULPTUR

⑤ STRAUCHROSEN/
   SOLITÄRSTAUDEN

⑥ EINGANGSHOF

⑦ WEINKELLER

HAUS UND GARTEN ALS EINHEIT

Pflegeminimierung durch natürliche Übergänge von innen nach außen

Nach inzwischen 20 Jahre langer Beschäftigung eines renommierten Landschaftsarchitekten mit seinem Garten im Neandertal ist aus einem ehemaligen Bahnhofsgelände ein Pflanzenparadies besonderer Art entstanden. Das Wohnhaus befindet sich in früheren Stallgebäuden, das Büro und Studio im ehemaligen Bahnhof. Der dazwischenliegende Bahnhofsvorplatz ist zu einem Teich und Eingangsplatz umgestaltet.

Da das Gelände für den Besitzer auch ein Experimentierfeld der Gartengestaltung darstellt, kann es sich in seiner Gesamtheit nicht um einen einfachen Garten im Sinne des Buchtitels handeln. Einige Bereiche sind sehr intensiv gestaltet und somit auch anspruchsvoll in der Pflege. Andere Teile des Gartens sind aber sich selbst überlassen, nachdem sie vorher sorgfältig geplant und durchdacht wurden. Was nur geringer Pflege bedarf, sind die natürlichen Übergänge von Haus und Garten, bzw. von innen nach außen.

Glycinien und Wilder Wein beranken die Ziegelmauern; gleich einem Haarschopf ziert der im Herbst rot gefärbte Wilde Wein den über das Dach ragenden Schornstein. Die Fenster des Hauses sind grün von Pflanzen umrahmt, und die Hauseingänge wirken wie grüne Vorzimmer.

Neben den alten Bäumen - einer 50jährigen Eibe, zwei 50jährigen Linden, einer alten Birke und einem Rotdorn - sorgen Solitärgehölze und -stauden im Garten für räumliche Wirkung und gezielte Blickpunkte. Blühende Wiesen schaffen großzügige Weite.

Ein ca. 5 m hoher Erdwall in Kombination mit einer entsprechend hohen Stützmauer schirmt das Grundstück zur Bahnlinie und zum Bahnhofsvorplatz ab. Dieser ist mit einer Rankpflanzengesellschaft aus Wildem Wein, Efeu, Feuerdorn und wintergrünem Geißblatt so zugewachsen, daß jede Pflege überflüssig wird.

Alle Materialien im Garten für Wege, Plätze und Mauern sind aus Natursteinen, die im Laufe der Jahre gesammelt wurden. Sie erhalten schneller Patina als Beton und gehen farblich stimmig in die nach kurzer Zeit bemoosten Fugen und Ränder über.

Der Garten im Neandertal ist neben pflanzlichen Aspekten besonders durch das Element Wasser geprägt. Die gesamten Regenwässer der Dachflächen des Bahnhofhauptgebäudes wie des heutigen Wohnhauses werden in den großen Teich geleitet, in dem Kinder mit einem kleinen Ruderboot sogar zwischen urwaldartigen Bambusbeständen am Rande der Seerosen »vorbeischippern« können. Von einer Seite ist das Wohnhaus - einer Wasserburg vergleichbar - nur über einen Steg zu betreten.

Zu den Wasserflächen schreibt der Landschaftsarchitekt:

»Diese Wasserflächen sind im biologischen Gleichgewicht, d.h. Gleichgewicht zwischen Wassermenge, Wassertiefe, Pflanzen- und Tierleben. Solch richtig angelegte Teiche, vor allem mit dem geeigneten Tierbesatz, sind gleichzeitig das beste Mittel gegen die Mückenplage, weil die Mückenlarven von den Fischen gefressen werden.

Libellen schwirren darüber, Frösche, Molche, Stichlinge, Goldorfen tummeln sich zusammen mit bronzefarbenen, rotköpfigen, goldenen japanischen Farbkarpfen, den Kais. Seit 10 Jahren sind sie in unserem Teich und inzwischen »handzahm«. Wer mit dem Stock an den im Wasser schwimmenden Futterring klopft, lockt die hungrigen Fische heran.«

Weiter erläutert der Landschaftsarchitekt zu Gartenkonzept und -entwicklung:

»20 Jahre Gartenentwicklung lassen eine Menge geschehen. Es kommt zu Veränderungen, die sich aus der Vegetation und Änderungswünschen des Gartenbesitzers im Laufe der Jahre ergeben. Wo früher Sonne war, ist jetzt Schatten. Der urspüngliche Rasen wird zur Blumenwiese. Farne werden zum neuen Hobby, weil es mehr Schatten gibt. Aber die Hauptthemen Rhododendren und Azaleen, Kletter- und Schlingpflanzen, Bambus und Gräser und vor allem eine vielfältige Wasser-

bepflanzung bleiben bestehen. Zum Kräutergarten kommt ein Kleingewächshaus und von befreundeten Bildhauern erscheint von Zeit zu Zeit eine Skulptur im Garten. Die besondere Liebe der Hausfrau zu Kübelpflanzen bringt im Sommer exotische Aspekte, die Pflanzen werden im Gewächshaus überwintert.«
Künstlerische Gestaltung, Originalität und auch Sinn für Humor in der Gartengestaltung kommen hier zusammen. Dabei darf vieles wachsen, was in anderen Gärten vorzeitig gebremst, abgeschnitten oder entfernt wird. Was im Laufe von zwanzig Jahren entstanden ist, steht auch heute nicht still. Durch eine behutsame, schöpferische Pflege entsteht der Garten weiter, verändert und verwirklicht sich als Lebensraum für Mensch, Tier und Pflanze.

Flächenbilanz:

Der Garten ist in Teilbereichen pflegeeinfach. Andere Bereiche mit Rosen und Stauden sind pflegeintensiv.

Planung: Richard Bödeker, Neandertal bei Düsseldorf

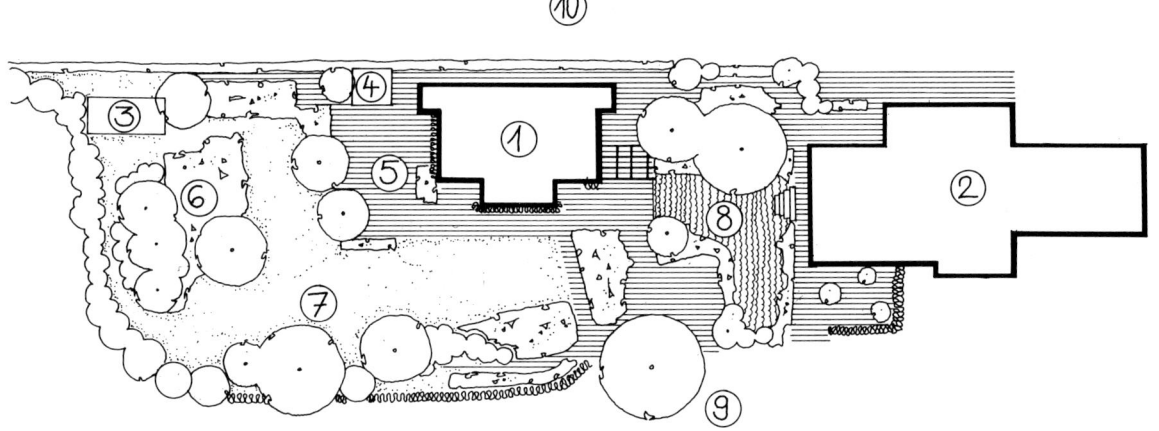

① WOHNHAUS
② BÜRO IM ALTEN BAHNHOF
③ ARBEITSSCHUPPEN
④ GEWÄCHSHAUS/HUNDEHÜTTE
⑤ TERRASSE/PERGOLA/SAUNA
⑥ RHODODENDRON/FARNE/BAMBUS
⑦ RASEN/WIESE
⑧ TEICH MIT WASSERPFLANZEN
⑨ HAUPTEINGANG
⑩ BAHNGLEISE

180 Der Garten setzt sich
bis an die Hausfassade
und an das Dach fort -
selbst aus dem Schorn-
stein sprießt »Grün«.

181 Spaß macht den Kin-
dern der Gartenteich, wenn
er auch zum Ruderboot-
fahren geeignet ist.

177 Von Efeu und Wildem
Wein berankter Hausein-
gang.

178 Übergang des pfle-
geintensiven Gartenteiles
über terrassierte Eisen-
bahnschwellen in die pflegeextensive Wiesenmulde.

179 Seerosenblüte im
Bambusdschungel.

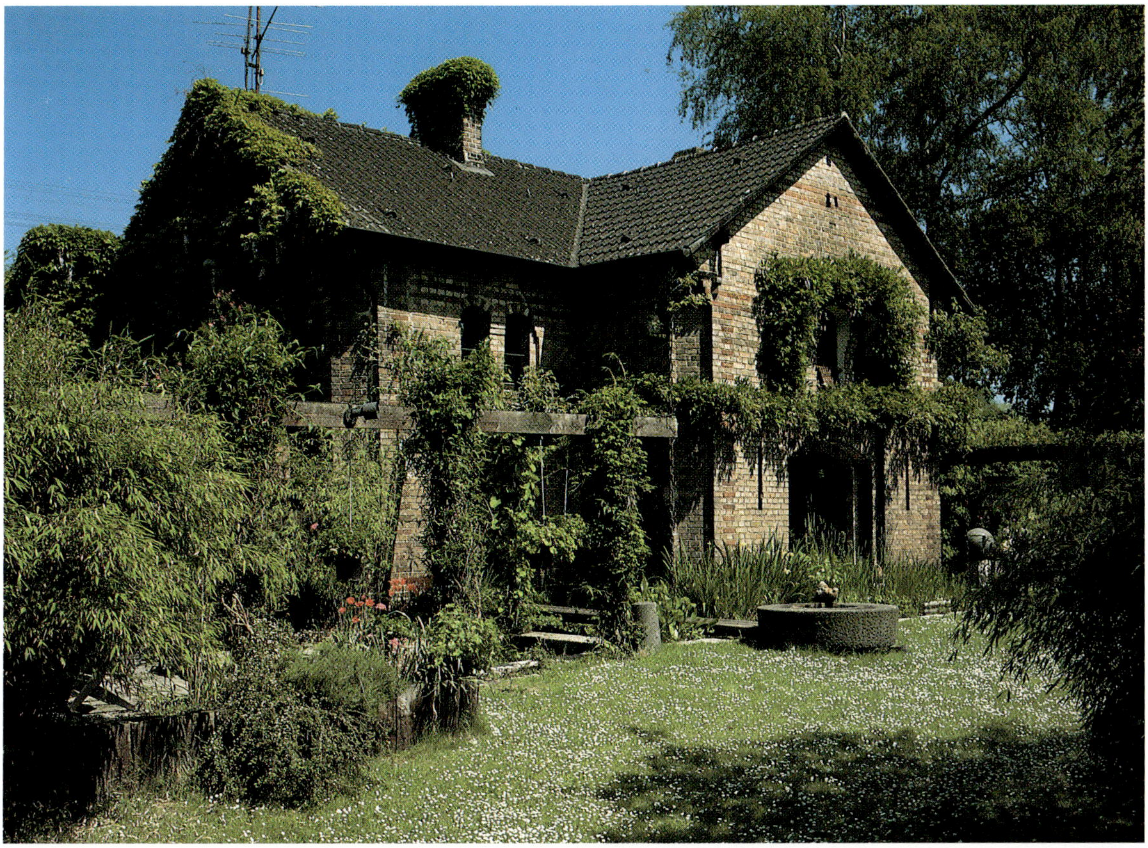

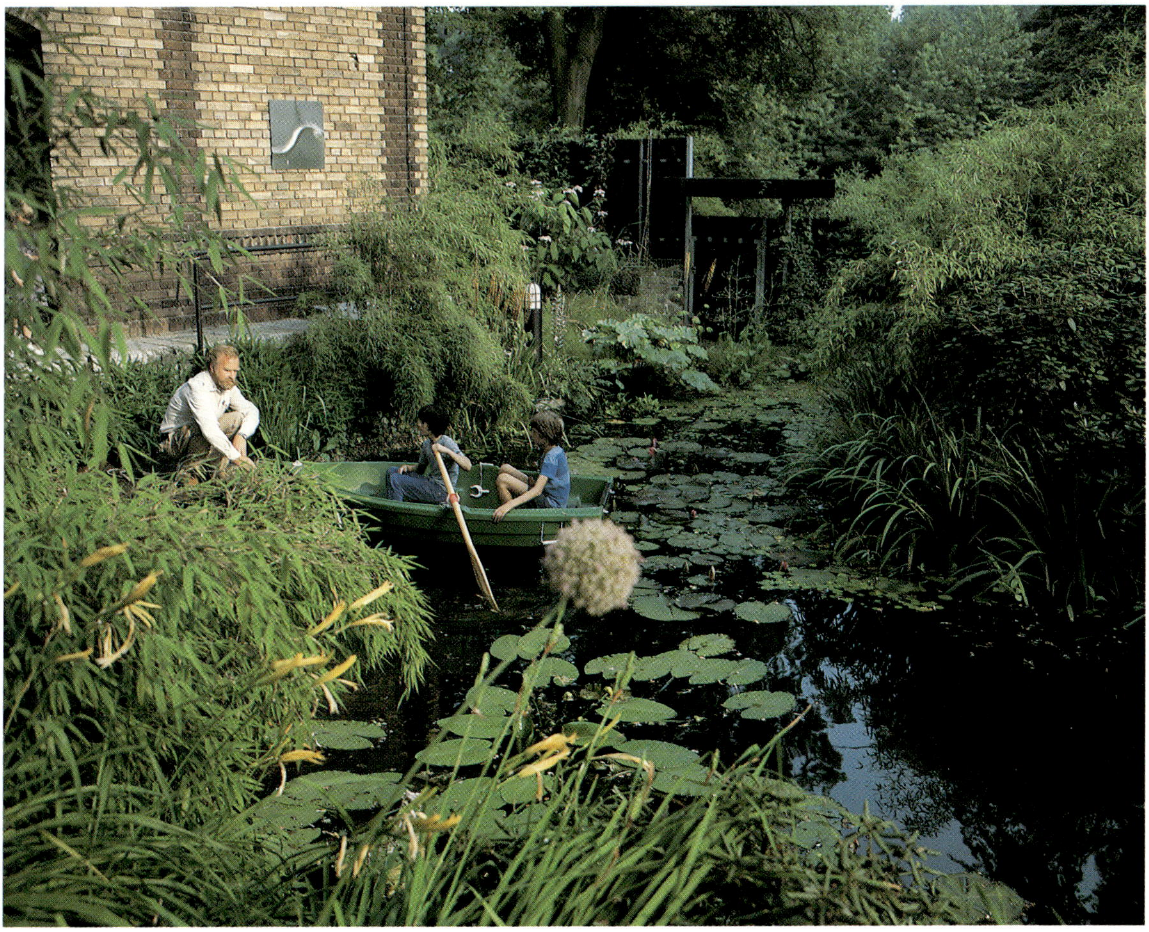

WENIGER IST MEHR

Pflegeminimierung durch Beschränkung auf
wenige intensiv gestaltete Partien im Garten

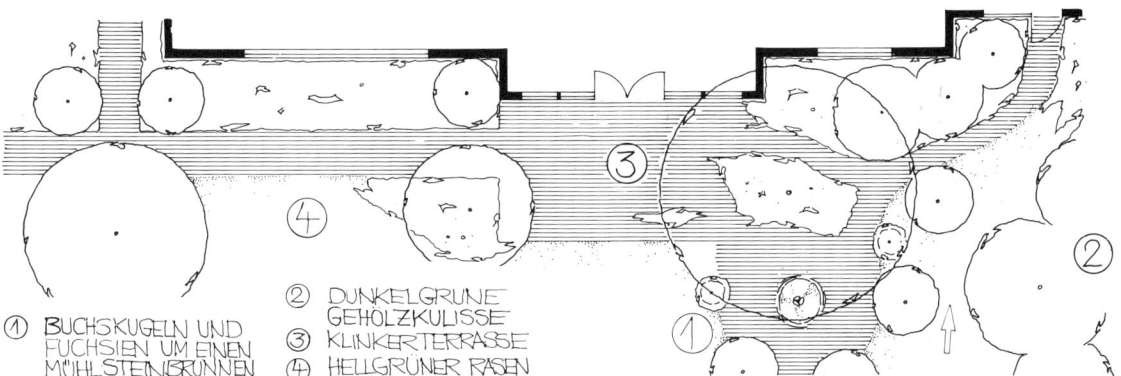

① BUCHSKUGELN UND FUCHSIEN UM EINEN MÜHLSTEINBRUNNEN
② DUNKELGRÜNE GEHÖLZKULISSE
③ KLINKERTERRASSE
④ HELLGRÜNER RASEN

Dunkelgrüne Buchskugeln vor hellgrünem Rasen sowie Fuchsien und farbenfrohe Sommerblumen in italienischen Terrakotten gruppieren sich unmittelbar vor der Terrassentüre um einen Mühlsteinbrunnen. Den Hintergrund für das intensiv gestaltete, hausnahe Gartenmotiv bildet die sich raumwirksam verengende und erweiternde Gehölzkulisse mit vorgepflanztem Wildstaudensaum und den im Sommer aus weiter Ferne leuchtenden Blüten des Waldgeißbartes und der Astilben.

Während der Terrassenbereich intensiv gepflegt wird, entwickeln sich die rahmenbildenden Gehölze und Wildschattenstauden nahezu von selbst. Um Sonne in den Garten zu bringen, muß gelegentlich der alte Baumbestand ausgelichtet werden. Sorgfältiges Mähen steigert die Wirkung der extensiven Gartenränder und des intensiven Terrassenbereiches.

184 Kulissenwirkung im Garten: Waldgeißbart im Vordergrund.

⇦ 182 Hausnaher Gartenteil mit geschnittenen Buchskugeln um einen Mühlsteinbrunnen, bemoostem Klinkerbelag und im Frühjahr blühendem Schneeball und Tulpen.

Flächenbilanz:

Platz- und Wegefläche am Haus	40 m^2
Pflanzungen am Haus	30 m^2

Sonstige Flächen sind Rasen und Gehölzkulisse

Planung: Gartenbesitzerin

WASSER - WIESE - WÄRME

Ein interessanter Garten, der natürliche
Energie nutzt

Das zum Bachlauf der Schwartau geneigte
Grundstück ist in ca. einem Meter Tiefe von
Rohrsystemen durchzogen, die dem Boden
Wärme entziehen. Die freigewordene und ge-
speicherte Wärme dient dem Wohnhaus als
zusätzliche Heizung.
Trotz der technischen Einrichtungen unter der
Erdoberfläche der nahezu gesamten Grund-
stücksfläche sollte ein blühender Garten zu
dem Haus einer umweltbewußt denkenden
Arztfamilie entstehen.
Wiesen- und Rasenflächen erstrecken sich
vorwiegend über den Rohrsystemen. Einzelne
Obstbäume behaupten sich auf höher modelliertem Gelände. Die Hauptgartengestaltung
findet in unmittelbarer Nähe des Hauses statt.
Ein vorhandener Knick (natürliche Gehölzpflanzung) an der Nachbargrenze ist in Teilbereichen vielfältig mit Wildstauden unterpflanzt.
Am Rande des Gehölzstreifens sowie am Rande der Bodeninstallation verläuft der elegant
geführte Klinkerweg, der die Hauptfunktionen
des Gartens aufnimmt und verbindet: den
nach Norden gerichteten Sitzplatz unmittelbar
an Haus und Teich, die nach Süden orientierte
Terrasse unter der vorhandenen Eiche und
den mit einer Sitzbank ausgestatteten Endpunkt der Wegeachse.
Den streng axial geführten Weg begleitet eine
mäandrierende Wiesenmulde, die das Wasser
des Teiches aufnimmt, wenn dieser sich bei
entsprechender Niederschlagsmenge über einen eingeplanten Überlauf entleert. Der Teich
wiederum wird über die Dachrinne und eine
gesonderte Zuleitung von dem auf die Dachflächen auftreffenden Regenwasser gespeist.
So wird das Wasser nicht über die Kanalisation abgeleitet, sondern kommt auf natürlichem
Wege dem Boden und Grundwasser zu - es
kann im Verlauf der Wiesenmulde und an deren Ende in einer Sickergrube versickern.
Den Garten zieren einfache, gut detaillierte
Klinkerbeläge; einzelne Findlinge begleiten
den teils ausgetrockneten, teils feuchten
Bachlauf, dessen Randpflanzengesellschaften
sich im Laufe der Zeit dem wechselfeuchten
Standort angepaßt haben. Die Bepflanzung ist
- mitunter auch aufgrund der Ortsrandlage -
sehr natürlich gestaltet. Neben dem Wärme-
und Wasserkreislauf regelt sich in dem pflegeleichten Garten vieles von selbst.
Geländekanten und -hänge, die schwer zu mähen sind, sind entweder bepflanzt oder stellen
Wiesenflächen dar, die im Gegensatz zum Rasen bekannterweise eine nur zwei- bis dreima-
lige Mahd im Jahr benötigen.
Sowohl Teich- und Gehölzrand als auch die
Beete im gepflasterten Eingangsbereich sind
flächendeckend mit Wildstauden, Bodendeckern und einzelnen Gehölzen dicht bepflanzt. In die von Planung und Ausführung
her natürliche Pflanzung fügen sich gelegentlich aufkommende Wildkräuter gut ein. Nehmen diese überhand, so ist ein Pflegegang
ratsam.

Flächenbilanz:

Wege- und Platzfläche (pflegeextensiv)	180 m²
Wiese (pflegeextensiv)	230 m²
Rasen (pflegeintensiv)	450 m²
Gehölzpflanzung (pflegeextensiv)	760 m²
Stauden- und Polsterpflanzung (pflegeextensiv)	30 m²
Teich	20 m²
Gesamtgartenfläche	1.670 m²

Planung: Teja Trüper, Christoph Gondesen,
Lübeck

185 Sitzplatz am Teich, der von Dachwasser gespeist wird.

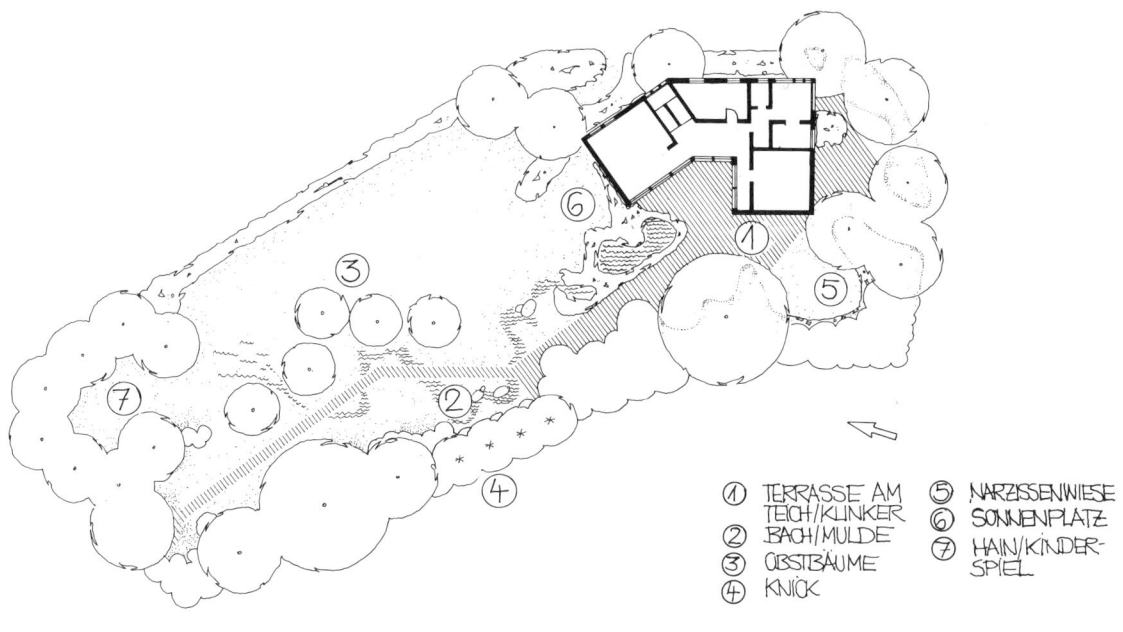

① TERRASSE AM TEICH/KLINKER
② BACH/MULDE
③ OBSTBÄUME
④ KNICK
⑤ NARZISSENWIESE
⑥ SONNENPLATZ
⑦ HAIN/KINDERSPIEL

1. Pflegeeinfache und dennoch attraktive Staudenpflanzung innerhalb der Terrasse, Blütezeiten sind in römischen Ziffern angegeben

Cerastium biebersteinii	Hornkraut	weiß	VI
Cerastium tomentos. »Columnae«	Hornkraut	weißfilzig	V - VI
Eryngium alpinum »Blue Star«	Alpenmannstreu	leuchtend tiefblau	VII - VIII
Eryngium planum »Blauer Zwerg"«	Edeldistel	tiefblau	VI - IX
Festuca scoparia	Bärenfellschwingel	hellgrün	VI - VII
Stipa pennata	Federgras	grün	V - VI

2. Wildstaudenpflanzung unter vorhandenen Gehölzen

Anemone japonica »H. Jobert«	Herbstanemone	weiß	VIII - X
Anemone sylvestris	Waldanemone	weiß	V - VI
Astilbe arendsii »Brautschleier«	Prachtspiere	weiß	VII - IX
Astilbe chinensis »Pumila«	Prachtspiere	rosa	VIII - IX
Astilbe x arendsii »Fanal«	Prachtspiere	rot	VII - IX
Brunnera macrophylla	Kaukasus-Vergißmeinnicht	blau	IV - V
Geranium sanguineum	Storchschnabel	karminrot	VII - VIII
Hepatica triloba	Leberblümchen	blau	III - IV
Lamium galeobdolon »Florentinum«	Goldnessel stark ausbreitend	gelb	V - VI
Lamium maculatum »Argenteum«	Nessel stark ausbreitend	rötlich	V - VI
Lathyrus vernus	Frühlingswaldwicke	karminrot	III - IV
Lilium-Martagon	Türkenbund	weinrot	VI - VII
Luzula sylvatica	Waldmarbel	dunkelgrün	V - VI
Omphalodes verna	Gedenkemein	blau	IV - V
Pulmonaria angustifolia »Azurea«	Lungenkraut	enzianblau	III - IV
Viola cornuta »Angerland«	Sommerveilchen	lilablau	V - IX
Vinca minor	Immergrün	blau	IV - V

187 Gartenweg durch die
Wiese entlang der Rasen-
mulde, die das Wasser bei
überlaufendem Teich auf-
nimmt.

188 Teich kurz nach Fer-
tigstellung mit Gräsern, die
sich im Wasser spiegeln.

187

188

ANHANG

LITERATURHINWEIS

1. Chinesischer Spruch, aus: Gerda Gollwitzer »Gartenlust«, München 1956, S. 22

2. Karel Črapek, 1933, aus: Gerda Gollwitzer »Gartenlust«, siehe 1., S. 17, 18

3. Rückert, aus: Gerda Gollwitzer »Gartenlust«, siehe 1., S. 16

4. Hugo von Hofmannsthal, 1928, »Über die Kunst der Zusammenstellung« aus: Gerda Gollwitzer »Gartenlust«, siehe 1., S. 186

5. Tabelle nach Richard Hansen/Friedrich Stahl »Die Stauden und ihre Lebensbereiche in Gärten und Grünanlagen«, Stuttgart, S. 147 - 152

6. Richard Hansen/Friedrich Stahl »Die Stauden...«, siehe 5., S. 175

7. Wolfgang Niemeyer »Ein reifer Garten am Ammersee« in: Garten und Landschaft 5/1987, München, S. 30

8. Richard Hansen/Friedrich Stahl »Die Stauden...«, siehe 5.

9. nach C.Th. Søresen »39 Gartenpläne für ein Stück Land«, Lichterfelde 1979

10. Louis Le Roy, aus: Dieter Wieland, Peter M. Bode, Rüdiger Disko »Grün kaputt«, München 1983, S. 40

11. nach Dr. W. Kolb, T. Schwarz, H. Zott »Dächer - grün und lebendig - Hinweise zur Extensivbegrünung«, eine Information der Bayerischen Landesanstalt für Weinbau und Gartenbau, Würzburg-Veitshöchheim

12. nach Kayser & Seibert, Katalog 1985, Roßdorf, S. 78

13. nach Kayser und Seibert, siehe 12., S. 106, 107

14. Peter Kluska »Ein Haus mit vielen Gartenteilen«, in: Gartenpraxis, Heft 10/88, Stuttgart, S. 43

15. nach Kayser & Seibert, siehe 12., S. 73

16. Dieter Wieland, Peter M. Bode, Rüdiger Disko »Grün kaputt«, siehe 10., S. 32

17. Wolfgang Niemeyer »Ein Rankgerüst nach Piet Mondrian« in: Ausstellungskatalog »Die Schönheit der Spaliere«, Handwerkspflege Bayern, München 1988, Blatt 8

BILDNACHWEIS

Amend-Will, Birgit 94, 98, 99, 101, 146, 148-152, 154, 155
Becker, Jürgen Titelbild, 30, 85, 177-181
Calles, Horst 21, 24, 44, 56, 140, 142-145
Cresswell, Michael P. 1, 6, 9, 10, 26, 57, 86, 87, 89, 109-112, 123-125, 127, 128, 130, 138, 139, 182, 184
Drum , Manfred 67
Engels, Hans 68, 69, 76, 78, 79, 175
Gebhard, Marianne 135, 136
Heimer, Martin 171, 172
Jerney, Winfried 68
Kluska, Peter 70-75
Neuberger, Peter 50
Niemeyer, Adelbert 49
Niemeyer, Paul 40
Niemeyer, Wolfgang H. 4, 7, 13, 22, 23, 28, 32, 34, 36, 38, 42, 58, 60, 64-66, 114, 116-118, 132, 133, 185, 187, 188

Nosbüsch, Helmut 156, 158, 159
Oyen, Thomas 121, 122
Rogers, Gary/Schöner Wohnen 8, 14, 46
Stehling, Wolfram 59, 61-63
Stern, Ernst 2
Strauss, Friedrich 81, 82, 84
Thöny, Prof. E. 173
Treiber, Monika 160, 162-169
Trüper, Teja 106, 108
Wartner, Helmut 95-97, 100
Weidmüller, Richard 91, 92, 103-105
Wittermann, Martin 53

Sämtliche in dem Buch abgedruckte Pläne wurden im Hinblick auf ein einheitliches Erscheinungsbild nach den Originalen der Landschaftsarchitekten vom Autor und seinen Mitarbeitern M. Höcherl und F. Kröber vereinfachend nachgezeichnet.

VERZEICHNIS DER GARTEN- UND LANDSCHAFTSARCHITEKTEN

Wolfgang Barth, Effnerstr. 37, 8000 München 81
S. 128-131

Richard Bödeker, Bödeker-Wagenfeld & Partner,
Bergische Landstr. 606, 4000 Düsseldorf 12,
S. 33 oben, S. 148-151

Horst Calles, An der Ronne 48, 5000 Köln 40
S. 24-27, S. 30 oben, S. 40 oben, S. 50-51,
S. 124-127

Manfred Drum, Bauerstr. 19, 8000 München 40
S. 59 unten

Christoph Gondesen, siehe Teja Trüper und
Christoph Gondesen

Martin Heimer, Karthäuserstr. 12, 3200 Hildesheim
S. 144-145

Peter Kluska, Gaßnerstr. 17, 8000 München 19
S. 70-73

Max Laugl (verstorben), S. 102-105

Johannes Mahl und Helmut Wartner, Bismarck-
platz 18, 8300 Landshut S. 90-95, S. 120-121

Peter Neuberger, Senserbergstr. 21, 8080 Fürsten-
feldbruck S. 46

Wolfgang H. Niemeyer, Herzogstr. 50,
8000 München 40 S. 18, 44, 49, 68, 69,
S. 74-77, S. 106-109, S. 112-117, S. 146-147

Helmut Nosbüsch, Ernst-Poensgen-Allee 108,
4000 Düsseldorf-Grafenberg S. 136-137

Thomas Oyen, Siebengebirgsstr. 129,
5300 Bonn 3 S. 110-111

Franz Peter, Architekt, Säbenerstr. 102,
8000 München 90 S. 122-123

Dr. Ulrich und Monika Reinfeld, Madeleine-
Ruoffstr. 8, 8036 Herrsching S. 82-85

Michael Scharl, Hubstetten 5, 8311 Vilsheim
S. 132-135

Eike Schmidt und Gerrit Stahr, Montgelasstr. 8,
8000 München 80 S. 13 unten

Günther Schulze, Sülldorfer Kirchenweg 253,
2000 Hamburg 55 S. 56 unten

Horst Schümmelfeder, Jürgensplatz 68,
4000 Düsseldorf S. 78-81

C. Th. Sørensen, Kopenhagen, Dänemark
S. 59 oben

Gerrit Stahr, siehe Eike Schmidt und Gerrit Stahr

Monika Treiber, Riederstr. 70, 8036 Herrsching
S. 138-143

Teja Trüper und Christoph Gondesen, An der
Untertrave 17, 2400 Lübeck 1 S. 39 oben,
S. 100-101, S. 118-119, S. 154-157

Helmut Wartner, siehe Johannes Mahl und
Helmut Wartner

Claudia Weber-Klemt, Alfred-Schmidtstr. 1 a,
8000 München 70 S. 34 oben

Richard Weidmüller, Proskestr. 4,
8400 Regensburg S. 86-89, S. 96-99

AUFSTELLUNG DER PFLANZENNAMEN

Die Abkürzungen »i.A.« (in Arten) und »i.S.« (in Sorten) stehen, wenn im Text nur der Gattungsname, aber nicht der Arten- oder Sortenname erwähnt wird, oder wenn kein deutscher Name für seltene Arten zur Verfügung steht. Pflanzen, die im Rahmen von Listen innerhalb des Buches bereits unter deutscher und lateinischer Bezeichnung aufgeführt sind, werden an dieser Stelle nicht mehr erwähnt.

Acer i.A., i.S. - Ahorn
Acer palmatum »Dissectum« i.S. - Schlitzahorn
Achillea i.A., i.S. - Schafgarbe
Aesculus hippocastanum - Roßkastanie
Agapanthus i.A. - Schmucklilie
Ajuga reptans i.S. - Günsel
Alchemilla mollis - Frauenmantel
Allium i.A. - Blumenlauch
Althaea rosea plenifolia - Stockrose, Malve
Alyssum i.A.- Steinkraut
Amelanchier canadensis - Felsenbirne
Anemone japonica - Japanische Anemone
Anemone nemorosa i.S. - Buschwindröschen
Anemone sylvestris - Waldanemone
Aquilegia vulgaris - Akelei
Arabis i.A. - Steinkraut
Aruncus sylvester - Waldgeißbart
Asperula odorata - Waldmeister
Aster i.A., i.S. - Aster
Astilbe i.A., i.S. - Prachtspiere
Astrantia major - Sterndolde
Bellis perennis - Gänseblümchen
Berberis i.A. - Berberitze
Betula pendula - Birke
Buxus sempervirens »Arborescens« - Buchsbaum
Campanula portenschlagiana - Dalmatiner Glockenblume
Campanula latifolia macrantha - Waldglockenblume
Carex morrowii - Japansegge
Caryopteris »Heavenly Blue« - Bartblume
Cerastium tomentosum - Hornkraut
Chionodoxa i.A. - Schneestolz
Chrysanthemum i.A. - Margerite
Clematis i.A., i.S. - Waldrebe
Comarum palustre - Blutauge
Convallaria majalis - Maiglöckchen
Cornus mas - Kornelkirsche
Corydalis lutea - Gelber Lerchensporn
Corylus avellana - Haselnuß
Cotoneaster dammeri - Kriechmispel
Cotoneaster i.A., i.S. - Zwergmispel, Felsenmispel, Strauchmispel
Crocus i.A. - Krokus
Cytisus decumbens - Ginster
Delphinium i.A. - Rittersporn
Deschampsia caespitosa - Waldschmiele
Dicentra eximia - Herzblume
Digitalis purpurea - Fingerhut
Dryas x suendermannii - Silberwurz
Dryopteris dilatata - Breitwedeldornfarn
Echinops i.A. - Kugeldistel
Epimedium pinnatum - Efeublume
Eranthis hyemalis - Winterling
Eremurus i.A. - Steppenkerze
Eryngium i.A. - Edeldistel
Euphorbia palustris - Sumpfwolfsmilch
Festuca scoparia - Bärenfellschwingel
Forsythia intermedia - Forsythie
Fraxinus excelsior - Esche
Galanthus nivalis - Schneeglöcken
Gaultheria procumbens - Scheinbeere
Geranium i.A. - Storchschnabel
Gypsophila i.A. - Schleierkraut
Hamamelis mollis - Zaubernuß
Hedera helix i.S. - Efeu
Helleborus i.A. - Christrose
Hemerocallis i.A. - Taglilie

Hibiscus i.A. - Eibisch
Hosta i.A. - Funkie
Humulus lupulus - Hopfen
Hydrangea i.A. - Hortensie
Hydrangea petiolaris - Kletterhortensie
Hyssopus officinalis - Ysop
Hypericum calycinum - Johanniskraut, Hartheu
Inula i.A. - Alant
Iris i.A., i.S. - Schwertlilie
Jasminum nudiflorum - Gelber Winterjasmin
Juglans regia - Walnuß
Kerria japonica - Kerrie
Leucojum vernum - Märzbecher
Ligularia i.A. - Kreuzkraut
Lilium martagon - Türkenbund
Lilium regale - Königslilie
Linum perenne - Lein
Lolium perenne - Deutsches Weidelgras
Lonicera i.A. - Geißblatt, Je-länger-Je-lieber
Lysimachia i.A. - Felberich
Malus floribunda/ »Hillieri« - Zierapfel
Miscanthus sinensis - Chinaschilf
Myosotis palustris - Vergißmeinnicht
Narcissus i.A., i.S. - Narzisse
Nepeta i.A. - Katzenminze
Nymphaea i.S. - Seerose
Nymphoides peltata - Seekanne
Oenothera missouriensis - Nachtkerze
Origanum vulgare - Majoran
Paeonia officinalis - Löwenzahn
Pachysandra terminalis - Dickanthere, Schattengrün, Dickmännchen
Panicum virgatum i.S. - Hirse
Papaver orientale - Mohn
Parthenocissus tricuspidata »Veitchii« - Wilder Wein
Penstemon i.A. - Bartfaden
Phyllitis scolopendrium - Hirschzungenfarn
Phlox i.A., i.S. - Flammenblume
Pinus mugo pumilio - Zwergkiefer
Pinus sylvestris - Waldkiefer, Föhre
Polygonum i.A. - Knöterich
Potentilla fruticosa i.S. - Fingerstrauch
Primula i.A., i.S. - Primel
Prunus spinosa - Schlehe
Prunus sargentii und serrulata i.S. - Japanische Kirsche
Pulsatilla vulgaris - Küchenschelle
Pyracantha coccinea i.S. - Feuerdorn
Rudbeckia sullivantii i.S. - Sonnenhut
Sambucus i.A. - Holunder
Sagina subulata - Sternmoos
Salvia nemorosa i.S. - Salbei
Saponaria i.A. - Seifenkraut
Saxifraga i.A. - Steinbrech
Scilla sibirica - Blaustern
Sedum i.A. - Fetthenne
Sinarundinaria i.A. - Bambus
Stipa barbata - Reiherfedergras
Symphoricarpos albus var. laevigatus - Schneebeere
Syringa vulgaris i.S. - Flieder
Taraxacum officinalis - Löwenzahn
Taxus baccata i.S. - Eibe
Tilia i.A. - Linde
Thymus vulgaris - Thymian
Trifolium pratense - Rotklee
Typha i.A. - Rohrkolben
Urtica dioica - Brennessel
Verbascum bombyciferum - Königskerze
Veronica filiformis - Ehrenpreis
Viburnum fragrans - Duftschneeball
Viburnum plicatum »Mariesii« - breitwachsender japanischer Schneeball
Vinca minor i.A. - Immergrün
Viola cornuta - Hornveilchen
Vitis i.S. - Echter Wein
Waldsteinia geoides - Efeublume
Wisteria sinensis - Glycinie